# CURRÍCULO
# Y MODERNIZACIÓN
## Cuatro décadas de educación en Colombia

Esta publicación contó con el auspicio de la
Universidad Pedagógica Nacional

Colección
PEDAGOGÍA E HISTORIA

# CURRÍCULO Y MODERNIZACIÓN
## CUATRO DÉCADAS DE EDUCACIÓN EN COLOMBIA

Segunda Edición corregida y actualizada

Alberto Martínez Boom
Carlos Ernesto Noguera R.
Jorge Orlando Castro V.

CURRICULO Y MODERNIZACION
Cuatro décadas de educación en Colombia
© Alberto Martínez Boom
  Carlos Ernesto Noguera R.
  Orlando Jorge Castro V.


Colección ISBN 958-20-0700-1
Libro ISBN 978-958-20-0735-5


Colección: PEDAGOGÍA E  HISTORIA


Segunda edición corregida y actualizada: Agosto de 2003


© *COOPERATIVA EDITORIAL MAGISTERIO*
        Diag. 36 Bis # 20 - 70 Park Way - La Soledad
        Celular: (+57) 312 4354489
        Bogotá D. C.; Colombia
        www.magisterio.com.co
        info@magisterio.com.co

© *GRUPO HISTORIA DE LA PRÁCTICA PEDAGÓGICA*

**Dirección editorial de la**
**Colección PEDAGOGÍA E HISTORIA:**
*HERNÁN SUÁREZ*

**Carátula**
*MAURICIO SUÁREZ ACOSTA*

# Los Autores

## Alberto Martínez Boom

Doctor en Filosofía y Ciencias de la Educación —UNED, Madrid, 2002—. Profesor -Investigador Universidad Pedagógica Nacional. Exdecano de la Facultad de Educación. Entre sus publicaciones más recientes están *Pedagogía y Epistemología*, coautor, *Veinte años del Movimiento Pedagógico*, compilado por Hernán Suárez, *Universidad y Verdad*, coautor con Claudia Vélez, *Maestro, escuela y vida cotidiana en Santafé colonial*, coautor con Orlando Castro y Carlos Noguera, además de diversos artículos en revistas nacionales e internacionales.

## Carlos Ernesto Noguera R.

Licenciado en Psicopedagogía Universidad Pedagógica Nacional. Magíster en Historia de la Universidad Nacional de Colombia. Profesor asistente de la Universidad Pedagógica Nacional. Investigador de la Sociedad Colombiana de Pedagogía. Coautor de varios libros entre los que se cuentan: *La ciudad como espacio educativo: Bogotá y Medellín durante la primera mitad del siglo XX*, Bogotá, Arango Editories —Socolpe, 2000; *Veinte años del Movimiento Pedagógico 1982-2002. Entre mitos y realidades*, Bogotá, Coop. Edit. Magisterio—Tercer Milenio, 2002.

## Jorge Orlando Castro V.

Licenciado en Educación, Universidad Pedagógica Nacional. Coautor de varios libros entre los que se cuentan: *La ciudad como espacio educativo: Bogotá y Medellín durante la primera mitad del siglo XX*, Bogotá, Arango Editores-Socolpe, 2000; *Maestro, escuela y vida cotidiana en Santafé colonial*, coautor con Carlos E. Noguera y Alberto Martínez B. Autor de artículos en diversas revistas, y consultor educativo

# Contenido

# Prólogo
## A LA SEGUNDA EDICIÓN

## Pinta tu aldea

Mariano Narodowski
*Profesor Titular*
*Universidad Nacional de Quilmes Argentina*

Cuando leí por vez primera *Currículo y Modernización* en su edición original de 1994 (que incluía un sugerente prólogo a cargo de Eloísa Vasco) ya conocía en parte el trabajo intelectual de Alberto Martínez Boom y del grupo Interuniversitario sobre Prácticas Pedagógicas en Colombia del cual también formaban parte Alberto Echeverri, Olga Lucía Zuluaga, Estela Restrepo, Humberto Quiceno, y en el que ya se integraban investigadores recientemente formados como Jorge Castro, Carlos Noguera y Alejandro Álvarez.

Lo primero que me atrajo de ese grupo de profesores universitarios fue la inagotable potencia intelectual de su labor, la voluntad obstinada de formar grupos y discípulos, la capacidad minuciosa de lectura y de crítica, la incuestionable referencia internacional de su pensamiento (centrada en buena medida en una osada  relectura foucaultiana de los procesos históricos) y la optimista y favorablemente sospechosa valorización de lo pedagógico por encima de los abordajes sociologistas o economicistas  tan en boga entonces y ahora.

Para un argentino como quien suscribe, porteño para más datos, con la cabeza borgeanamente más puesta en Europa y en los Estados Unidos que en nuestra actualidad latinoamericana, el descubrimiento de este libro y de esta "movida" intelectual de los noventa constituyó un hallazgo del que aún hoy, diez años más tarde, sigo aprendiendo cotidianamente.

Si tuviera que enumerar qué es lo que aprendí de este texto, podría resumir la cuestión en dos grandes líneas que en mi opinión  atraviesan al libro, pero también otros textos de sus autores; una segura sobresimplificación que no ayuda a captar la riqueza de sus contenidos pero sí provoca la posibilidad de la discusión: creo que los autores intentan colocar a Colombia como problema mundial y al mundo como problema colombiano.

*Currículo y Modernización* pinta la aldea; la aldea educativa. Pinta procesos históricos colombianos con el objeto de desentrañar la discontinuidades en los procesos de la escolarización y la enseñanza y así comprender, tras las capas geológicas que a través de las décadas acumularon restos fósiles de sucesivas y nunca concluidas "reformas educativas" a las que en América Latina estamos tan acostumbrados, cuál es la actualidad que nos  determina: se trata de una historia del presente que se mueve aquí y allá como para develarnos cómo llegamos institucional y políticamente, a ser lo que somos.

Pero esa pintura de la aldea, siguiendo el viejo aforismo, tiene no solamente una pretensión universal sino que es de hecho universalizante: el libro es sobre Colombia pero es también la evidencia rigurosa respecto de un proceso de escolarización "que ha tenido en la enseñanza el nivel más importante de operación". En otras palabras, Colombia es Colombia pero Colombia también es el mundo. En el libro, Colombia no es un objeto folklórico de interés para el latinoamericanista avezado en casos únicos ni tampoco el abordaje usado es el del taxidermista autóctono que mira con perverso embeleso sus criaturas ya muertas y embalsamadas creyéndolas irrepetibles, sin prestar atención que su vecino es tan taxidermista, tan perverso y tan ciego como para no comprender que tampoco se diferencia en su narcisista pretensión de unicidad.

Al contrario, en este libro que trata sobre Colombia y sobre la educación en Colombia, está claro que Colombia forma parte de un problema mundial pero está claro sobre todo que sólo el tratamiento integral de la singularidad colombiana, y ahí la riqueza del abordaje, puede dar cuenta de la dimensión mundial.

Y este desafió, la segunda línea en la que el libro hace un aporte original y significativo para la literatura internacional en la historia reciente de la educación latinoamericana, es cubierto mediante el concepto de "mundialización": el sistema escolar moderno y modernizado, parecen decirnos los autores, será mundial o no será nada. Pero esa mundialización, esa "fase de mundialización de los sistemas escolares modernos", como nos animáramos a decir en un libro que publicáramos con Martínez Boom en 1996, debe ser vista desde cada singularidad nacional para ser comprendida acabadamente: el mundo no deja de ser un problema colombiano.

Es cierto, como apunta el investigador británico Stephen Ball, que nuestro mundo es un mundo pequeño pero  de grandes políticas educativas. En *Curriculum y Modernización*, incluso, los autores llegan a identificar específicamente a la cooperación técnica internacional como uno de los agentes de la intervención de esas grandes políticas mundiales a escala nacional. Pero también es cierto que si desde el centro (o desde el discurso de los que creen estar en el centro) todos los márgenes son más o menos iguales, los que asumimos el análisis riguroso del supuesto margen y de la comparación de los supuestos márgenes entre sí, sabemos que esas grandes políticas educativas a escala mundial tienen costados diferentes entre sí; a veces tan diferentes que no parecen pertenecer al mismo término que los haría, desde el pretendido centro, comparables.

Por eso, este libro nos demuestra que vale la pena estudiar Colombia (y Argentina, Chile o Ecuador) no como "el caso colombiano";  no como si Colombia fuera simplemente un capítulo más del libro de la trasnacionalización de la educación sino como un proceso complejo, diverso y en constante construcción. Un fenómeno complejo con una historia, con una identidad, con una visión de sí mismo y del mundo que no tiene por qué ser la que el mundo le asigna, o la que los intérpretes del mundo dicen que el mundo le asigna.

Jorge Orlando Castro, Carlos Noguera y Alberto Martínez Boom muestran en *Currículo y Modernización. Cuatro décadas de educación en Colombia,* que desde esas periferias condenadas a capítulos parciales de una obra general, no solamente se puede hacer historia sino que se puede elaborar teoría, explicar Colombia y explicar el mundo.

*Buenos Aires, Invierno del 2003*

# Prólogo
## A LA PRIMERA EDICIÓN

El libro que tiene el lector en sus manos no puede ser más oportuno. En un momento en el cual nuestro país se cuestiona repetidamente, y a veces de manera un poco retórica, sobre la crisis por la que atraviesa, signada por la violencia, por la incapacidad de convivencia democrática, por los conflictos y la intolerancia, la educación aparece como protagonista y se le exige que presente propuestas efectivas de solución a nuestra problemática.

Esta expectativa de que la educación sea uno de los factores claves en el tránsito de nuestra sociedad civil hacia un mejor futuro está lejos de ser el sueño utópico de unos cuantos idealistas. La Constitución de 1991, la Ley General de Educación, el informe de la Misión de Ciencia, Educación y Desarrollo, señalan a la educación no solamente como una condición indispensable para el desarrollo autosostenible del país, sino también como un derecho fundamental de cada comunidad y como un proyecto que convoca los esfuerzos solidarios de la sociedad en su conjunto.

Sin embargo, se reconoce que la educación, en su situación actual, no tiene las características que estas urgencias históricas requieren. Se hacen propuestas para su transformación, pero en el señalamiento de las deficiencias y vacíos se descuida la reflexión sobre las razones por las cuales la educación es en este momento como es.

Esta reflexión importante para la comprensión de nuestra actual situación, para nuestra autocomprensión, para que podamos reconocernos a nosotros mismos, tiene necesariamente que interrogar nuestro pasado. Somos lo que somos porque hemos construido nuestra historia y respondido a nuestras preguntas de una manera particular. Pero también por un conjunto de factores que anticipan nuestra condición.

Es en este necesario proceso de autocomprensión y autorreconocimiento en donde un estudio de la historia reciente, como el que nos proponen Alberto Martínez Boom, Jorge O. Castro y Carlos E. Noguera en su libro *Currículo y modernización: cuatro décadas de educación en Colombia*, puede constituirse en un aporte de gran valor.

Quisiera proponer al lector, como posibles caminos para aproximarse a este texto, algunos de los temas y preguntas que son centrales en el libro, y que han sido y siguen siendo centrales en toda discusión sobre la educación. Inevitablemente, mi visión del texto y mis propuestas de posibles lecturas tendrán los matices de mis propias reflexiones sobre los temas propuestos, reflexiones que se han enriquecido con la lectura de este libro y con las conversaciones con el doctor Alberto Martínez Boom, investigador principal en este proyecto.

Una primera reflexión tiene que ver con la enseñanza. Los autores de este libro muestran cómo y por qué razones, la enseñanza pasó a conceptualizarse y a proponerse como instrucción, con un sentido claramente diferente al que la "instrucción" tenía antes de este siglo. Se identifica un momento en el cual la instrucción (enseñanza) dejó de concebirse como formación y pasó a pensarse preferencialmente como entrenamiento.

Como era inevitable, este nuevo sentido de la "enseñanza", inicialmente desarrollado por fuera de la escuela, llegó a alojarse en ella y a afectar, no solamente la acción del maestro, sino también la manera como él se percibía a sí mismo. Llegamos así a un segundo tema de reflexión: el maestro. La transformación sufrida por el concepto de enseñanza afecta la forma como el maestro percibe su hacer y su identidad. En la medida en la que ciertas técnicas de planeamiento y de diseño instruccional se muestran como la base científica de la enseñanza (instrucción) y como actividades reservadas a especialistas que no pueden ser realizadas por el maestro, este se convierte en un ejecutor y pierde su vinculación con el objeto de conocimiento, de reflexión y de práctica que le es propio. Los autores muestran cómo esta nueva orientación se convirtió en la columna vertebral de algunas de las instituciones formadoras de maestros más importantes del país, tales como la Universidad Pedagógica Nacional y la Facultad de Educación de la Universidad de Antioquia. Se puede identificar aquí el tránsito desde la pedagogía hacia las ciencias de la educación como eje de la formación del maestro. El resultado es que el maestro ya no puede mirarse a sí mismo desde la pedagogía como un saber que le pertenece, y encuentra una identidad desdibujada y dispersa en las ciencias de la educación, desde las cuales su espacio en la escuela y su hacer en la enseñanza y en la formación se ven invadidos por otros profesionales y se vuelven cada vez más precarios.

Desde la introducción del trabajo, los autores señalan la diferencia y las necesarias relaciones entre el nivel macro de la educación y las prácticas que se desarrollan en las instituciones escolares. Se muestra así un tercer campo de reflexión. Según los autores, las políticas educativas pasaron de ser nacionales a ser globales, respondiendo a nuevas concepciones de desarrollo, las cuales tuvieron vigencia mundialmente. Aparece, entonces, el concepto de planeación integral de la educación desde el análisis de sistemas, y el desarrollo de una tecnología instruccional que se traduce en un concepto de currículo claramente diferente de lo que anteriormente se concebía como "plan de estudios". Estos conceptos y la forma como se llevaron a la práctica afectaron no solamente la programación y la planificación de la instrucción sino también "las transformaciones operadas desde finales de los años 40 a nivel de la enseñanza [las cuales] obedecieron a un conjunto de planteamientos que fueron desarrollados al margen de las grandes teorías educativas y pedagógicas...", conformando así la categoría de análisis que los autores de este texto denominan "campo del currículo".

Un cuarto y último tema de reflexión que quiero proponer se relaciona con el hecho de que, como lo señalan los autores, las transformaciones operadas en la enseñanza y la aparición del "campo del currículo" no llegaron a ser acogidas en forma unánime, y además fueron la ocasión para el surgimiento, en

1982, del Movimiento Pedagógico, propiciado por la Federación Colombiana de Educadores. Aunque el Movimiento Pedagógico ha tenido un desarrollo desigual durante sus doce años de existencia, es innegable que ha contribuido decisivamente a que el maestro vuelva su mirada hacia la pedagogía e inicie un proceso de reflexión que le pueda permitir percibirse a sí mismo como sujeto de saber sobre la enseñanza. Únicamente desde esta conciencia de ser sujeto de saber sobre su práctica puede ganar el maestro la necesaria autonomía en esta práctica, y contribuir efectivamente a la construcción de comunidades de saber pedagógico, socialmente reconocibles.

La aproximación temática que he propuesto para la lectura de este libro lleva implícita una invitación a los maestros, en primer lugar, para que lo lean, lo reflexionen y lo comenten. Igualmente hay una invitación a los responsables de las decisiones que afectan a la educación para que esas decisiones se tomen en la perspectiva de la historia. Finalmente, invito a todos aquellos interesados en la construcción de un mejor porvenir para la sociedad colombiana para que lean y reflexionen este libro, el cual resultará útil al momento de pensar el papel de la educación en esa construcción.

Eloísa Vasco M.
*Agosto de 1994*

# Introducción

l presente trabajo recoge los resultados de un proyecto de investigación cuyo objetivo central fue analizar las transformaciones que ha sufrido la educación y la enseñanza en Colombia durante la segunda mitad del siglo XX. La investigación contó con la financiación de Colciencias y el Foro Nacional por Colombia, bajo el título de "Tecnología educativa y modelo curricular en Colombia".

Es común hablar de las "reformas educativas" para referirse al conjunto de transformaciones que afectan la educación, la enseñanza, las instituciones educativas y los sujetos que participan en ellas. Sin embargo, el desarrollo del proyecto de investigación nos fue confirmando la precaución metodológica inicial de establecer una diferencia entre los cambios ocurridos en las políticas educativas y aquellos propios de la enseñanza, más cercanos a la escuela y a la actividad del maestro y los alumnos.

Esta opción por una mirada diferencial del conjunto de transformaciones que han afectado a la educación y a la enseñanza, nos llevó a replantear los tradicionales mojones utilizados para demarcar los distintos períodos. El resultado fue no sólo una periodización particular para cada uno de los dos niveles trabajados, sino además, el alejamiento de los hitos legislativos, de los grandes personajes, de los períodos de gobierno como ejes para el análisis.

Por ello, la escritura no seguirá un orden cronológico estricto, más bien mostrará, en un primer capítulo, las transformaciones ocurridas en el nivel de enseñanza en el período comprendido entre 1947 y 1965. Allí se analiza la preocupación que por esos años surgió en torno a la educación fundamental o básica, las primeras experiencias en educación fundamental en el país, y por último, se incluye una reseña acerca del campo del currículo y el consecuente proceso que hemos denominado instrumentalización de la enseñanza.

Un segundo capítulo está dedicado a explorar las transformaciones ocurridas en el nivel macro o de las políticas educativas en general. Destacamos allí la vinculación estrecha entre educación y desarrollo, la introducción de los principios y procedimientos de la planificación económica al campo de la educación y la enseñanza, y las primeras experiencias colombianas dentro de lo que denominamos la estrategia del desarrollo.

Un tercer capítulo analiza las transformaciones que en el plano de la educación y la enseñanza acontecieron a partir de la década de los años 70 a propósito de la implantación de la tecnología educativa y la tecnología instruccional. Si bien el período de estudio fue definido entre los años 1947 y 1984, en este capítulo se incluyen algunas reflexiones sobre acontecimientos más recientes como los desarrollos del Movimiento Pedagógico, el Plan de Apertura Educativa del gobierno del presidente César Gaviria y la expedición de la reciente Ley General de Educación.

Para orientar la lectura del presente trabajo, a continuación plantearemos las tesis más generales elaboradas como producto de la investigación.

### 1a. tesis

Entre finales de los años 40 y comienzos de los 60, el campo educativo sufre una transformación radical que afecta tanto sus fines sociales como su estructura y funcionamiento. Esta transformación antes que una continuidad, afianzamiento o afinamiento representa una profunda ruptura, un quiebre en el rumbo que venía siguiendo desde finales del siglo XIX.

### 2a. tesis

Esta ruptura opera en dos niveles claramente diferenciables y siguiendo ritmos particulares, en algunos momentos rumbos paralelos más o menos independientes y en otros mezclándose para conformar una sola estrategia: nos referimos a los niveles macro y micro mencionados anteriormente. Mientras las transformaciones operadas en el plano de las políticas y los discursos educativos presentan un balance bastante precario en relación con sus propósitos más generales, en el plano más específico y menos visible de la enseñanza, los cambios, por el contrario, han sido substanciales.

De manera esquemática podríamos caracterizar la ruptura en cuestión a partir de tres elementos:

a. El concepto de educación predominante desde finales del siglo XIX deja de tener sentido para los hombres de mediados del siglo XX. Sus referentes desaparecieron, pero no de la realidad concreta sino del espacio de los problemas y preocupaciones de intelectuales y hombres de gobierno. Durante la primera mitad del siglo, el concepto de educación se vio atravesado por nociones médicas e higiénicas al punto que la educación llegó a ser sinónimo de higienización. Dentro de una preocupación más amplia por impulsar la nación hacia el progreso, intelectuales y políticos descubrieron con gran asombro el estado de "miseria fisiológica" en que se encontraban grandes sectores de la población. Aquella imagen decadente a los ojos de las élites del momento, pronto llevó a la conclusión expresada hacia la década del 30 por Rafael Bernal Jiménez, en una carta al ministro de Educación, Darío Echandía: "Cuando el contacto con estas descarnadas realidades de nuestra vida popular estimula mi permanente angustia por el porvenir de nuestros núcleos humanos, me reafirmo más... en la idea... de que la primera etapa de la educación popular en nuestra patria no debe tender a pedagogizar, sino a higienizar". La situación de "miseria fisiológica", la "inferioridad biológica", el "estado primitivo" (todas estas expresiones utilizadas en el período en mención) en que se encontraban sumergidas las masas populares y dentro de ellas el estado lamentable de enfermedad y desnutrición de la población infantil, impusieron la necesidad de acciones tendientes al rescate de ese recurso invaluable, considerado como factor indiscutible en el camino hacia el progreso.

Pero si bien las aterradoras imágenes que llevaron a plantear tesis como la degeneración racial del pueblo colombiano — propuesta por el médico y pedagogo Miguel Jiménez López— y a referirse a la situación en términos de una verdadera "tragedia biológica" —al decir de Laurentino Muñoz, otro de los médicos que incursionó en el campo de la educación y la pedagogía— no habían desaparecido en la década de los años 50, a partir de ese momento la educación nombra y designa un conjunto de problemas completamente distintos. En primer lugar, la idea decimonónica del progreso y sus referentes políticos, culturales y económicos había sido desplazada por la contemporánea noción de desarrollo en la cual se hace evidente el predominio de criterios y categorías económicas. Desde ese momento, la educación se asocia íntimamente a la idea del desarrollo y con ello su función, estructura y sentido se transforman de manera radical.

A la luz de las nuevas preocupaciones por alcanzar las metas impuestas con la invención del desarrollo, la educación se entendió como formación, capacitación y perfeccionamiento del recurso humano, convirtiéndose en un asunto eminentemente técnico; fue considerada como "piedra angular del desarrollo", como una de las inversiones sociales más importantes y su funcionamiento buscó orientarse por los principios de eficacia y rentabilidad. Atravesado por criterios y categorías económicas y técnicas, el concepto educación —utilizado por los nuevos administradores y políticos de las décadas de los años 50 y 60— designó un conjunto de problemas y preocupaciones que nada tenían que ver con la "restauración fisiológica" o la "redención del tesoro racial", marcando así el límite de una nueva forma de pensar lo educativo.

b. Un segundo elemento que caracteriza la gran ruptura en el pensamiento y las prácticas educativas ocurrida hacia mediados de siglo, tiene que ver con el carácter multinacional que adquieren los problemas educativos. Durante el siglo XIX y las primeras décadas del siglo XX, la educación fue considerada como un problema eminentemente nacional. Si bien las reflexiones educativas y pedagógicas de nuestros países se vieron afectadas por los desarrollos teóricos y metodológicos logrados en Europa y los EE.UU, las reformas iniciadas siguieron los ritmos propios de los acontecimientos políticos y económicos locales. Por el contrario, desde la segunda mitad del siglo XX, los asuntos educativos de los países, particularmente de los llamados países del Tercer Mundo, adquieren una dimensión multinacional. Desde ese momento las decisiones educativas de los diferentes gobiernos comenzaron a depender cada vez más de las discusiones y programas desarrollados al interior de los recién creados organismos de cooperación internacional, principalmente la Unesco y la OEA.

Una primera consecuencia de este acontecimiento tuvo que ver con la proclamación de lo que Philips Coombs (especialista internacional de la década del 60) denominó la "crisis mundial de la educación", cuya superación, cuyo enfrentamiento requería de profundos cambios en la estructura y funcionamiento de los aparatos educativos nacionales. De acuerdo con los teóricos del desarrollo, la crisis por la que atravesaba la educación en el mundo, particularmente en los países subdesarrollados, sólo podría superarse en la medida en que se utilizaran los instrumentos que la ciencia y la tecnología habían desarrollado. Uno de ellos, quizá el más importante, era la teoría general de sistemas. Otros se referían a la utilización de medios tecnológicos como la radio y la televisión para la difusión de la educación básica a grandes sectores de la población.

Como instancias canalizadoras de recursos económicos e intermediarios en los procesos de transferencia de tecnología, los organismos internacionales de cooperación se convirtieron en los orientadores de las políticas educativas de los países del continente, iniciando un proceso de homogeneización tanto en el ritmo como en los contenidos de las reformas educativas. La educación pasó así de ser un problema nacional a constituirse en un asunto de orden multinacional, en donde los países industrializados y las instituciones financieras internacionales incidieron de manera considerable en los nuevos rumbos educativos.

c. El resultado más significativo de la vinculación entre educación y desarrollo y la consecuente tesis de la crisis mundial de la educación, fue la necesidad de iniciar procesos de transferencia de tecnología al campo de la educación y la enseñanza. Este proceso de transferencia actuó de manera diferencial en cada uno de los niveles señalados: para el caso de la educación en general, los nuevos planteamientos en torno a la noción de desarrollo impusieron, en un primer momento, la necesidad de llevar al terreno de la educación los principios y métodos de la planificación económica, difundiendo para ello un conjunto de principios teóricos, procedimientos metodológicos y herramientas técnicas conocidos como el planeamiento integral de la educación. Posteriormente, hacia mediados de la década de los años 70, el planeamiento integral fue reemplazado por una perspectiva teórica y técnica más globalizante, la llamada tecnología educativa, en cuya base se encontraba la teoría general de sistemas (cabe anotar que la planificación no desaparece en la tecnología educativa; lo que sucede es que se articula dentro de la noción global de sistema).

Para el caso particular de la enseñanza, el instrumento tecnológico difundido a partir de los organismos internacionales de cooperación fue, en primera instancia, la programación y la planificación de la instrucción, ampliado y afinado posteriormente en lo que se conoció como la *tecnología instruccional*, a partir de los años 70.

### 3a. tesis

Las transformaciones operadas en la enseñanza, desde finales de los años 40, obedecieron a un conjunto de planteamientos desarrollados al margen de las grandes teorías educativas y pedagógicas reconocidas por las historias de la educación y la pedagogía; a pesar de los cambios efectuados en las últimas décadas, tales planteamientos continúan incidiendo de manera considerable en el rumbo y orientación de la enseñanza en nuestro país. Nos referimos a lo que algunos sociólogos de la educación han denominado el *campo del currículo*[1].

De acuerdo con los presupuestos anteriores, y en la perspectiva de dar cuenta de las transformaciones que se han introducido en la educación y la enseñanza durante los últimos 40 años en Colombia, hemos elaborado la categoría *campo del currículo* como instrumento metodológico para orientar el análisis. Tal categoría designa un espacio de saber en donde se inscriben discursos (teorías, modelos), procedimientos y

---

1. Tal categoría es trabajada por Bode, Apple, y Díaz Barriga, entre otros.

técnicas para la organización, diseño, programación, planificación y administración de la instrucción, bajo el principio de la determinación previa de objetivos específicos planteados en términos de comportamientos, habilidades y destrezas, y con el propósito central de obtener un aprendizaje efectivo.

En este sentido, merece destacarse el hecho de que el campo del currículo, en tanto apunta a lograr la mayor eficiencia y productividad de la instrucción mediante su diseño y programación minuciosa, despliega su acción sobre un conjunto amplio de instituciones dentro de las cuales la escuela es tan solo una de ellas, al lado de la fábrica, del ejército, de la empresa, del taller, de la cárcel, etc. En este sentido, vale la pena precisar que si bien hasta el momento hemos hablado del campo del currículo como una teoría educativa, en términos estrictos constituye más bien una *teoría sobre la instrucción*, y para ser más exactos, la teoría más importante (por sus efectos) que se ha elaborado sobre la instrucción en el presente siglo.[2]

Quisiéramos dejar planteadas, esquemáticamente, las posibilidades que ofrece la noción de *campo del currículo* para analizar la reforma educativa y pedagógica de la segunda mitad del siglo XX.

En términos generales, el campo del currículo nos permite:

a. Analizar las dos formas posibles de racionalización de la acción educativa que se han diseñado en el presente siglo:

---

2. Podría decirse que el currículo constituye uno de los campos tecnológicos de mayor desarrollo dentro del ámbito de las tecnologías humanas. Se trata de una tecnología de la instrucción, del adiestramiento, del *training*.

la instauración del "interés" como eje de las prácticas pedagógicas por parte del movimiento de Escuela Activa; y el establecimiento de la organización y planificación de la instrucción como principios fundamentales para la dirección de las prácticas instruccionales, promovidas por los curriculistas norteamericanos. A su vez, nos permite analizar las condiciones que hicieron posible el predominio de la planificación y el diseño de la instrucción como una de las formas de racionalización de la acción educativa.

b. Vincular elementos propios de un análisis discursivo (saberes, nociones, conceptos, modelos, teorías, etc.) con elementos propios de un análisis no-discursivo (prácticas, técnicas, mecanismos de control, dispositivos de poder, etc.). En otras palabras, nos permite lanzar una mirada sobre un conjunto de elementos teóricos, sus formas de circulación y apropiación, a la vez que observar el despliegue social de un dispositivo de poder. (En este punto es necesario enfatizar la vinculación estrecha que se establece —desde su constitución a comienzos de siglo— entre el campo del currículo y el problema del control social. Ver: Apple, Bode, Franklin).

c. Describir y analizar el proceso de *instrumentalización de la enseñanza* desde una perspectiva más operativa. Es decir, si hasta ahora se había analizado la instrumentalización como el resultado de un proceso de enrarecimiento de la pedagogía, por efecto de un desplazamiento del concepto de enseñanza por el de educación al interior de las ciencias de la educación,[3] el campo del currículo nos permite analizar la instrumentalización como efecto del ejercicio de un dispositivo y unos mecanismos de poder desplegados para el control social. Si la enseñanza es el concepto articulador al interior del campo del saber pedagógico, la instrucción lo es del campo del currículo. Cuando se opera la *tecnologización* del campo del currículo, es decir, cuando aparece la tecnología instruccional, asistimos al privilegio de la instrucción (como saber y como mecanismo de poder) sobre la enseñanza.

d. Identificar el papel privilegiado de la instrucción y el aprendizaje como las áreas más susceptibles de *tecnologización* dentro de la educación. En este sentido, podríamos decir que a partir de la *tecnologización* de la instrucción están dados los elementos para que la educación traspase su umbral tecnológico.

e. Caracterizar el conjunto de transformaciones que se operan en la educación y las prácticas pedagógicas como efecto del despliegue de un complejo dispositivo de poder, cuyos propósitos más generales serían la escolarización masiva de la población, la homogeneización social y la instrucción generalizada. Cabe anotar que el despliegue social de este dispositivo no significa el logro cabal de unos propósitos, representa tan solo una incitación, una dirección posible y en ningún momento se pretende con ello dar cuenta de un hecho consumado, sino tan solo de una tendencia del poder y de una forma de ejercerlo, entre otras posibles.

---

3. El equipo interuniversitario "Hacia una historia de las prácticas pedagógicas en Colombia", ha planteado desde sus análisis histórico-epistemológicos sobre el saber y la práctica pedagógica, la noción de *instrumentalización de la enseñanza* para referirse a la concepción metódica, operativa e instrumental que desde las ciencias de la educación se ha dado a la enseñanza, imposibilitando así los desarrollos conceptuales en torno de la enseñanza como eje articulador del saber pedagógico.

f. Por último, la categoría de campo del currículo nos permite establecer una articulación entre el despliegue de un dispositivo y la puesta en marcha de una estrategia. La estrategia del desarrollo al instaurar la educación como su "piedra angular", establece las condiciones para una forma de racionalización de la acción educativa. Este proceso encuentra en el campo del currículo los elementos más apropiados para tal efecto; de ahí que uno de los aspectos iniciales que se enfatizan desde la llamada cooperación técnica internacional haya sido la preocupación por el currículo, entendido en su sentido más general. Recordemos que la labor de cooperación técnica internacional más importante que se genera para América Latina es la elaboración del Proyecto Principal No. 1 de la Unesco. Entre los objetivos generales que se propuso este proyecto se encuentra el de realizar una revisión de los planes y programas de estudio. Recordemos, además, que en 1956 se realizó en Huampaní (Perú) el Seminario de Planes y Programas de Estudio de Educación Primaria. Es importante señalar que si bien durante el período estudiado se habla de planes y programas de estudio y no de "currículo", ello se debe, en múltiples ocasiones, a problemas de traducción del término[4].

---

4. Tal es el caso de las referencias que se hacen en el texto *El programa de estudios*, elaborado en 1969 por el Departamento de Asuntos Educativos de la OEA, al libro de Hilda Taba. Esta autora publicó en 1962 un libro titulado *Currículum Development. Theory and Practice*, lo cual evidencia la utilización del término "currículo"; sin embargo, la traducción de las referencias en el citado texto de la OEA, prefieren el término "programa de estudios". Una lectura detenida del libro de Taba, pone de presente que se trata del currículo en sentido estricto y no del programa de estudios, que tiene un significado mucho más restringido. Por lo demás, en muchos de los textos analizados se utilizan indiscriminadamente ambos términos, sin embargo, el análisis de lo que significa con ello, corresponde específicamente al concepto general de currículo.

# CAPÍTULO I

# EDUCACIÓN FUNDAMENTAL E INSTRUMENTALIZACIÓN DE LA ENSEÑANZA

# I. Educación fundamental
# e instrumentalización de la enseñanza

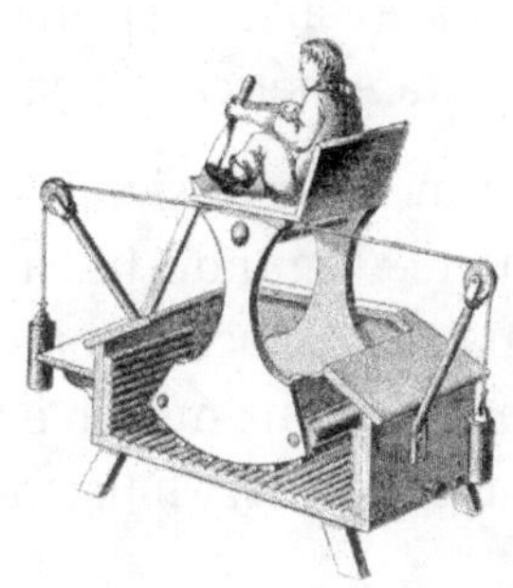

Desde finales de la década de los años cuarenta se inicia un proceso de generalización de la educación primaria gratuita y obligatoria en todos los países del "Tercer Mundo". El primer hecho que, para el caso latinoamericano, da cuenta de este novedoso acontecimiento, es la realización de un primer Seminario Regional de Educación que bajo el mecanismo de la cooperación técnica internacional, y con el apoyo de la Unesco y la OEA, se realizó en 1948 en Caracas. Una de las principales conclusiones de las deliberaciones allí desarrolladas fue la necesidad de intensificación y extensión de la educación primaria. Un año después, se llevó a cabo en Río de Janeiro el Seminario de Alfabetización y Educación de Adultos, en donde se discutió la propuesta de un plan de "escuela fundamental", para cuyo estudio se recomendó la realización de un seminario especial sobre el tema. Este seminario se realizó en

1950 en Montevideo (Seminario de Educación Primaria). "En este se presentó un plan de 'escuela primaria fundamental' con evidentes aciertos en su orientación didáctica, si bien de una duración excesivamente limitada (tres años), poco acorde con las aspiraciones que depositaban en la educación para lograr cambios profundos de orden cultural, social y económico".[1]

## 1. La preocupación por la educación fundamental

Sin lugar a dudas, el año de 1956 es el punto de referencia fundamental para la historia de la educación latinoamericana en general y muy especialmente para la educación colombiana. ¿El balance? Cuatro reuniones internacionales y el primer proyecto multinacional de educación para América Latina.[2]

A nivel nacional, presentación del Informe de la Misión Economía y Humanismo del padre Lebret —segundo trabajo detallado sobre las condiciones del país en relación con el desarrollo económico y social elaborado por una misión extranjera—, creación de la Oficina de Planeación del Ministerio

---

1. Unesco, *La situación educativa en América Latina*, Washington, Unesco, 1960, p. 277.

[2] En el mes de noviembre de 1956, se realizó en Nueva Delhi la IX sesión de la Conferencia General de las Naciones Unidas. Durante esta conferencia se aprobó la realización del "Proyecto principal sobre extensión y mejoramiento de la educación primaria para América Latina y el Caribe", primer proyecto multinacional en este campo, elaborado como resultado de la Conferencia Regional y de la II Reunión de Ministros de Educación. Los objetivos más generales del Proyecto principal fueron los siguientes: planeamiento sistemático de la educación; expansión de la educación primaria; revisión de los planes y programas de estudio; mejoramiento de los sistemas de formación y perfeccionamiento del magisterio; y preparación, en cada país, de un núcleo de dirigentes especialistas en la educación.

de Educación Nacional, proyecto pionero en Latinoamérica de aplicación de las nuevas técnicas de planeamiento al campo de la educación.

Si bien el conjunto de resultados de tales eventos es ciertamente amplio y significativo, concentraremos nuestra atención en el análisis de aquellas conclusiones que tienen que ver con el problema de la educación primaria y con la revisión de los planes y programas de estudio.

Lo que pone en evidencia este conjunto de reuniones internacionales es la emergencia de un nuevo problema: la extensión de la educación primaria al total de la población de América Latina. Se podrá decir, con justificadas razones, que no es este un problema novedoso, pues en la historia de la educación latinoamericana es posible encontrar que la preo-cupación por llevar la enseñanza elemental a la totalidad de la población existe, por lo menos, desde los mismos inicios de los regímenes republicanos a comienzos del siglo XIX. Sin duda es posible reconocer esta pretensión desde aquella época. ¿Por qué hablar entonces de "problema novedoso" si al parecer se trata de un "viejo" problema?

En primer lugar, ya no se trata de un problema específicamente "nacional". Los recién creados Estados republicanos vieron en la enseñanza elemental el instrumento más adecuado para la formación de nuevos ciudadanos y emprendieron diversas actividades bajo la idea de que sólo mediante una instrucción general se lograría la tan deseada "consolidación nacional", de tal forma que para entonces la generalización de la instrucción primaria era un problema nacional por excelencia. Por el contrario, lo que pone de presente la puesta en marcha del Proyecto principal No. 1 de la Unesco, es que la llamada "extensión de la educación primaria" es un propósito que supera en gran medida las fronteras nacionales para convertirse en un problema de orden "internacional" y regional.

En segundo lugar, los proyectos sobre extensión de la educación primaria ponen de manifiesto la actualización de la noción de educación fundamental, educación general, educación mínima o educación básica. Aquí también surgirán objeciones al respecto, pues esta noción parece estar presente desde el mismo momento en que se habló de "enseñanza de las primeras letras". Sin embargo, se trata de un asunto completamente diferente. De un lado, bajo el auge de la estrategia del desarrollo, la educación fundamental se va a ligar íntimamente a los requerimientos planteados por el desarrollo económico y social, de tal forma que el carácter político que pudo tener hasta entonces (formación de ciudadanos) se verá ahora desplazado por un marcado énfasis económico (formación de individuos productivos en tanto recurso y factor de desarrollo). De otro, la educación fundamental tendrá como instrumento privilegiado para su despliegue social, los planes y programas de estudio, elaborados en adelante de manera sistemática, siguiendo un conjunto de técnicas de programación y planificación.

Pero, ¿qué se entiende por *educación fundamental*? En el Seminario Interamericano de Educación Primaria, reunido en Montevideo en el año de 1950, se plantearon los 10 objetivos que caracterizarían la nueva noción:

1. Alfabetizar.

2. Crear hábitos de higiene, orden y moral, tanto en el aspecto individual como colectivo.

3. Fomentar el trabajo nacional.

4. Fomentar el sentido de responsabilidad por el progreso de la comunidad y del país.

5. Inculcar normas de ética social.

6. Desarrollar el espíritu crítico.

7. Formar una actitud científica.

8.Crear una conciencia nacional e internacional, orientada hacia los ideales de paz, democracia y justicia social.

9.Cultivar el gusto por las bellas artes.

10. Utilizar los valores esenciales y humanos del folclor, como estímulo del desarrollo artístico.

Se trataba de dotar a la población de un conjunto *mínimo* de herramientas prácticas y teóricas para afrontar los nuevos requerimientos de una sociedad en vía de desarrollo, como la infraestructura elemental, los cimientos básicos sobre los cuales ir construyendo el edificio del desarrollo económico y social.

## 2. Las primeras experiencias de educación fundamental en Colombia

La experiencia abierta por Acción Cultural Popular, ACPO, en 1947, con sus escuelas radiofónicas, inauguró toda una época de utilización de medios masivos de comunicación para la educación de amplios sectores marginados (específicamente población campesina).

## Las escuelas radiofónicas: el caso de Acción Cultural Popular (ACPO)

Las escuelas radiofónicas funcionaban en determinadas casas de campesinos que aglutinaban una o más familias en torno a un radio. Su objetivo fundamental era llevar a cabo un programa de alfabetización, para lo cual, en algunos casos, se contaba con la ayuda voluntaria de un campesino que se desempeñaba como auxiliar de los programas radiales en la escuela radiofónica. Posteriormente se le unieron otras personas y se establecieron institutos para el entrenamiento de los auxiliares en Sutatenza y Caldas, los cuales gradualmente se fueron extendiendo a aspectos relacionados con la agricultura y otros de más amplio espectro.

Este esfuerzo de educación rural no formal implicó la elaboración de cartillas sobre "lectura, escritura, números, economía y trabajo, agricultura, salud y espiritualidad. Se organizó una biblioteca campesina, que llegó a tener casi 50 títulos y que consistía en una colección de libros que complementaban las cartillas básicas".[3]

La acción de Radio Sutatenza (nombre de la emisora desde donde se difundían las lecciones diarias) conoció un gran despliegue, debido entre otras cosas a la modernización de su transmisor y la diversificación de los programas que emitía. A ella se unió la publicación del semanario *El Campesino* (cuya

---

3. Su distribución se inició en 1964. Hacia 1976 se habían distribuido 1.861.383 ejemplares. Ver Muhlmann de Masoner, Liliana; Masoner, Paul H. y Bernal Alarcón, Hernando, "Acción Cultural Popular: Estudio de caso", en *Revista de Tecnología Educativa*, Vol. 3, No. 4, Santiago de Chile, OEA, 1977, pp. 464 y 487.

circulación promedio en 1976 se calculaba en 41.522 ejemplares) y la coordinación de sus actividades con otras entidades gubernamentales y no gubernamentales. Igualmente, el Estado suscribió con ACPO contratos para la utilización de la radio en la educación básica, el entrenamiento de maestros, la educación en salud, la educación en prisiones y educación para el personal militar. En 1977, treinta años después de su fundación, ACPO era considerado como "uno de los programas privados de educación no formal más grandes y exitosos del mundo".[4]

La estrategia fundamental de ACPO se basó en la educación radial impartida mediante puntos operacionales denominados "escuelas radiofónicas" (en 1976 funcionaban 17.615, con un número de 62.365 estudiantes matriculados). ACPO desarrolló el concepto de Educación Fundamental Integral (EFI), en la cual el programa incluía sólo una parte fundamental del conocimiento ya que se suponía que el individuo debía continuar el aprendizaje a través de su vida. La propuesta de ACPO se hallaba así inscrita en una educación integral de las masas, especialmente las campesinas, en la perspectiva de un mejoramiento de su calidad de vida, pero también de inclusión en la sociedad.

En 1977, el programa denominado Radio Instructivo emitía 80 horas de transmisión cada semana. Allí se ofrecían diferentes cursos dentro de los cuales el más importante fue el de educación básica (lectura, escritura, matemáticas). Este curso, de media hora diaria de duración, con transmisión repetida,

---

4. *Ibíd.*, pp. 465-466.

cubría un período de cuatro meses y se dictaba en secuencia (también se encontraba disponible en discos). Los cursos restantes se referían a tres áreas: salud y trabajo, números y comunicaciones, vida en comunidad y sus problemas. En ellos se introducía un enfoque modular no secuencial para el tratamiento de temas de interés para el campesino.

El esquema del Radio Instructivo era el siguiente:

CURSOS DE RADIO ⟶ ESCUELAS CAMPESINAS ⟶ CARTILLAS BÁSICAS, ⟶ LIBROS DE LA BIBLIOTECA DEL CAMPESINO SEMANARIO *EL CAMPESINO* ⟶ MÓDULOS DE INSTRUCCIÓN.

Las cartillas que proporcionaban el contenido básico del programa educativo de ACPO eran seis y su distribución en forma de colecciones comenzó en 1962 (cabe anotar que la distribución de la cartilla de lectura se había iniciado ya en 1951):

*Cartilla Básica* (rediseñada en 1971)

*Nuestro Bienestar*

*Hablemos Bien*

*Cuentas Claras*

*Suelo Productivo*

*Comunidad Cristiana*

Como estrategias anexas, existían la correspondencia entre el campesino y ACPO, los cursos de extensión dedicados a un problema específico, la realización de campañas, la conformación de empresas encargadas de las publicaciones (Editorial Andes, Editorial 2000), etc.

En los inicios de la década de los años 70, ACPO se había constituido en todo un engranaje institucional dedicado a la instrucción; había creado un conjunto amplio de sujetos, como el programador, los profesores de campo con sus tres categorías (líderes, trabajadores comunitarios, auxiliares); y había consolidado un proceso de diseño y planificación con el objeto de lograr altos niveles de efectividad, utilizando un conjunto amplio de medios de instrucción y de espacios donde se cumplían la capacitación y el entrenamiento.

**El Fondo de Capacitación Popular de Inravisión (FCP)**

En 1967 es constituido el Fondo de Capacitación Popular, FCP, con el objeto de "impulsar la educación masiva y acelerada de los sectores marginados del pueblo colombiano, utilizando los medios modernos de comunicación de masas en el sistema educativo convencional para atender la educación de adultos en el país".[5]

Hacia mediados de 1967, dentro de la hipótesis de trabajo contenida en el plan general que sustentó el proyecto de creación del FCP de Inravisión, se consignaba, entre otras, la siguiente premisa: "Los medios de comunicación social sirven para realizar procesos de enseñanza-aprendizaje; las

---

5. "En respuesta al decreto sobre Integración Popular (2263 del 5 de septiembre de 1966) y en consonancia con el Decreto 3267 de 1963 por el cual se definen las funciones de Inravisión, para prestar el servicio público de televisión educativa o docente y los servicios de radiodifusión y televisión destinados a programas culturales e informativos, la Junta Directiva del Instituto Nacional de Radio y Televisión le dio existencia jurídica al Fondo de Capacitación Popular mediante el Acuerdo No. 09 de junio de 1967". Ramón M., Miguel A., "Bachillerato por radio, primaria de adultos por televisión - Fondo de Capacitación Popular", en Transferencia de tecnología educativa en Colombia, Bogotá, MEN-Colciencias-OEA, 1978, p. 169.

técnicas de instrucción programada apoyan y refuerzan los procesos didácticos y de aprendizaje..."[6].

Para la puesta en marcha del FCP se hicieron varios trabajos previos: una investigación psicolingüística en siete ciudades del país; una investigación sociocultural (que sirvió de base para la campaña publicitaria); elaboración de textos, en cuyo proceso se utilizaron "algunas técnicas de la instrucción programada";[7] una experimentación y evaluación de materiales impresos mediante una experiencia directa con el material diseñado; y una experimentación y evaluación de las clases por televisión.[8]

El funcionamiento del modelo del FCP se basó en la utilización de un medio (preferentemente la televisión, aunque también se utilizaron la radio y las cartillas), en el mensaje "pedagógico" y el rol del guía cultural.[9] Tanto su actividad, como el funcionamiento mismo de los telecentros, se hallaba controlado por mecanismos de supervisión. Para lo cual se organizó una prueba de simulación en circuito cerrado de televisión y se seleccionaron tres grupos de adultos iletrados procedentes de diferentes barrios de Bogotá. Su duración fue de seis

---

6. *Ibíd.*, p. 171.

7. *Ibíd.*, p. 172.

8. *Ibíd.*, pp. 172-174.

9. Por lo general no era un maestro, sino "un coordinador de grupos que trabajaba sin remuneración y que debía poseer: un nivel académico que le permitiera comprender y manejar los contenidos que se ofrecían para apoyar a los adultos en el aprendizaje; agilidad mental, simpatía y capacidad de liderazgo para organizar los grupos y animarlos, y voluntad de servicio para perseverar con mística y entusiasmo en el trabajo", *ibíd.*, p. 174.

meses. "Los objetivos de la prueba estaban orientados a: conocer las reacciones y los efectos de las clases televisadas en los adultos iletrados; afinar la hipótesis sobre la validez de la televisión en el desarrollo del proceso de enseñanza-aprendizaje; identificar las características de los procesos de percepción, retención y asimilación de los mensajes por parte de los adultos; probar la consistencia y utilidad de los materiales impresos para hacer ajustes correspondientes en las respectivas cartillas; conocer qué tareas concretas debería cumplir una guía cultural y cómo las debería desarrollar, para crear un clima social adecuado que facilitara la comunicación interpersonal, la intervención humana, la discusión en grupos de los mensajes televisivos y la realización de los ejercicios de aprendizaje sugeridos en cada lección".

**El SENA: de la analítica de los oficios a las unidades de enseñanza**

"La óptima utilización de la mano de obra requiere que la planeación y el perfeccionamiento de la fuerza de trabajo sean parte esencial del plan general de desarrollo, económico y social. Esa planeación debe obedecer a un sistema de tecnología ocupacional moderna, basado en el análisis de los oficios, a fin de que sirva como base a la implantación de métodos científicos de administración de personal y para facilitar el ritmo del empleo, mediante la mejora en las técnicas de reclutamiento, selección, orientación y entrenamiento de la fuerza laboral, como lo demanda en nuestra época toda economía emergente".[10]

---

10. Martínez Tono, Rodolfo,"Experiencias nacionales sobre formación profesional", Bogotá, SENA, 1967, p. 5.

El SENA, creado en 1957, representa uno de los casos de transferencia más importantes del país. Transferencia en un doble sentido:

a. De una parte, por su incorporación y apropiación de los principios de la organización científica del trabajo postulados en las primeras décadas del presente siglo y la utilización del TWI como modelo para la racionalización de los procesos de calificación de la mano de obra y formación profesional[11] de acuerdo con las exigencias de la producción, hecho que implicó diversas formas de transferencia: transferencia de los sistemas prácticos de formación profesional que tuvieron gran auge en Europa y EE.UU. durante la Segunda Guerra Mundial y el período de la postguerra; transferencia directa de la experiencia del SENAI (Servicio Nacional de Aprendizaje Brasilero) en lo que respecta a la metodología analítica, en donde el papel de organismos de cooperación tales como la OIT y la Cepal sirvieron más bien como intermediarios "que como fuentes directas de tecnología"; transferencia de un modelo de formación aplicable a campos diferentes del sector industrial proveniente de Francia, el cual proponía un ámbito similar en cuanto a su función y los requerimientos del principio "aprender haciendo" dirigido a los sectores comercial y agropecuario, lo cual conllevó a la creación e implantación de la Empresa Comercial Didáctica y la Finca Didáctica. Lo importante aquí era lograr la simulación de un ambiente de

---

[11] Por formación profesional se puede entender "el conjunto de métodos pedagógicos, teóricos y prácticos, conocimientos técnicos y profesionales en orden a ejecutar una labor más productiva". Agudelo, Santiago, *La formación profesional en Colombia: el caso del SENA (diagnóstico)*, Montevideo: OIT, SENA Dirección General, 1981, p. 30.

trabajo (empresarial) en donde fuera posible establecer una relación entre el desempeño real del oficio y su aprendizaje.

Las implicaciones pedagógicas de esta estructura de formación, unida al método de trabajo y a la metodología utilizada por el SENA, llevan a la siguiente afirmación consignada en una ponencia presentada en 1978: tecnología educativa, quiere decir para el SENA, *la manera sistemática como ha cumplido con su tarea de realizar formación profesional en Colombia.*[12]

El SENA figuró entre los primeros proyectos a través de los cuales el "Programa de las Naciones Unidas para el Desarrollo (PNUD) comenzó sus actividades en Colombia. En 1959 el programa ampliado de asistencia técnica, después de haber brindado asesoría y financiación a dos proyectos durante el período 1950-1954, aprobó dos proyectos en diciembre de 1959: uno correspondía al adiestramiento vocacional del SENA y el otro se refería al reconocimiento edafológico de la parte septentrional de los Llanos Orientales".[13]

b. De otra parte, por la amplia y profunda difusión, así como por el desplazamiento de su metodología a la educación formal que la ha convertido en un caso de transferencia excepcional para el estudio de la educación en el país en los últimos treinta años. De ello dan cuenta los perfiles ocupacionales elaborados por el Icfes-Colciencias-MEN para el ciclo intermedio profesional; los principios con que sustentó la capacitación en

---

[12] Ver Tarazona de Niño, Lucía... (*et. al.*), "Metodología de formación profesional del Servicio Nacional de Aprendizaje, SENA", en *Transferencia de tecnología educativa en Colombia... op. cit.*, pp. 187-207.

[13] Ver Departamento Nacional de Planeación, *La asistencia técnica externa en Colombia*, Bogotá, DNP, 1970, p. 3.

servicio implementados al interior de la experiencia INEM; la concepción y apropiación del principio de actividad propuesto por la pedagogía activa hacia mediados de siglo consignado en la tesis *Aprender haciendo*; y, en general, los principios y procedimientos de diseño y programación de la instrucción utilizados posteriormente en la educación formal.

Ante las exigencias de una producción en masa, había que responder con un entrenamiento y adiestramiento masivo de la población económicamente activa, calificando su desempeño, optimizando sus actuaciones, cuyo requisito inicial  fue el de cuantificar o diagnosticar las carencias y necesidades. [14]

La vieja consigna de "aprender haciendo" se actualiza al interior de lo que hemos denominado *tecnologías ocupacionales* [15] y en esa medida, se reivindica el énfasis en la formación práctica del alumno-trabajador, su permanente actividad; la manipulación constante que este debe hacer de herramientas y máquinas, de fichas de instrucción, la coordinación de sus

---

[14] Téngase en cuenta que el SENA emprendió la realización de la primera Encuesta nacional sobre necesidades de formación profesional durante el año de 1958, cuyo informe, dado a conocer un año después, sirvió de base para la elaboración de su primer Plan Quinquenal (1959-1963). Igualmente, participó en el estudio sobre Recursos humanos realizado por el Icetex entre 1963 y 1966 al lado del Ministerio del Trabajo, diferentes universidades, el DNP (estudio que contó con la asistencia técnica de la AID y la OIT).

[15] Por tecnologías ocupacionales se entienden aquellas que utilizan los principios de la organización científica del trabajo en la calificación y formación de la mano de obra con el objeto de elevar al máximo los niveles de desempeño de trabajadores y empleados de los sectores industrial, comercial y agropecuario y procurar su bienestar. El énfasis en el entrenamiento (*training*) es el distintivo más visible de toda tecnología ocupacional.

movimientos en el puesto de trabajo, el estricto cumplimiento de las operaciones planificadas para cada sesión.

Podría pensarse, con razón, que el objetivo de toda tecnología ocupacional es calificar para la producción desde un análisis de las ocupaciones y los puestos de trabajo. De hecho, la estructura de los centros de formación del SENA se basó en una organización racional de carácter productivo. Pero nuestro interés en las tecnologías ocupacionales y en particular en la experiencia del SENA se halla en su concepción técnico-pedagógica, en la efectividad del modelo en el cual descansa, en la capilaridad de un conjunto de principios de organización racional de carácter productivo (como diría Martínez Tono), que no le son exclusivos pero que, dada su relevancia al interior de las tecnologías ocupacionales, nos permite escudriñar en torno a sus formas de funcionamiento tanto en el cuerpo social como en las formas de escolarización y la conformación de la institución escolar y, desde allí, poder lanzar una mirada a las formas de resistencia que se han dado desde su interior. Consideramos que la clave para este posible develamiento se encuentra en una mirada detenida del método de trabajo y la metodología para la elaboración de programas del SENA.

### El "método de los cuatro pasos"

El núcleo de toda tecnología ocupacional se encuentra, como lo hemos afirmado anteriormente, en su connotación *analítica*: descomposición minuciosa tanto de la actividad del aprendiz y el instructor, como de cada una de las ocupaciones y puestos de trabajo. Esta connotación analítica se inscribe en las elaboraciones de Frederick Taylor hacia las primeras décadas de este siglo, con base en las cuales "la ejecución eficaz de las tareas constituye el tema central de la administración y el objetivo principal del administrador. Para lograr la eficiencia, según Taylor, era necesario dividir el trabajo del personal en partes y luego que cada parte se realizara con la eficiencia que requerían las normas establecidas... Corolarios lógicos de los conceptos de Taylor fueron los estudios sobre los movimientos y empleo del tiempo para eliminar la deficiencia".[16] En el caso del SENA esta función analítica se materializó en el denominado método de trabajo caracterizado por ser activo, dinámico y analítico. "Es *activo* porque exige la participación efectiva del alumno-trabajador durante todas las etapas de su formación, a fin de que se cumpla el proceso de "aprender haciendo", bajo la inmediata supervisión de un instructor... Es *dinámico* porque todo plan de formación debe aplicarse con flexibilidad, tanto en el tiempo como en el espacio, adaptándolo a los cambios y las necesidades de mano de obra, a las características sociales y económicas de cada región, al nivel de instrucción y a la evolución tecnológica de las ocupaciones... Es *analítico* porque todo programa de formación profesional es el resultado de los análisis cualitativos de las ocupaciones que incluyen la descripción de los puestos de trabajo, las monografías profesionales y los cuadros analíticos de operaciones

16 . Ver Culbertson, Jack A., "La administración: instrumento fundamental para la elaboración, realización y evaluación de los planes de desarrollo educativo", en Simposio Interamericano sobre la Administración de la Educación, Washington, OEA, 1969, p. 23. Se trata de un énfasis dado al interior de las tecnologías ocupacionales a la ejecución del trabajo como estrategia para lograr altos niveles de eficiencia. De allí se desprende la connotación analítica a la que nos referimos.

y conocimientos".[17] De igual manera, la planeación obedece a un sistema de tecnología ocupacional basado en el análisis de los oficios, eje de una administración científica del personal y optimización del "ritmo del empleo y del trabajo" (mejora de las técnicas de reclutamiento, selección, orientación y fundamentalmente entrenamiento de la fuerza laboral).

Las tecnologías ocupacionales se "ocupan" de la organización sistemática de actividades a partir del fraccionamiento y parcelación de las operaciones que compromete y en donde el método de trabajo propuesto "ya se trate de impartir el conocimiento de operaciones de predominante carácter manual, ya se refiera a disciplinas más intelectuales o abstractas..." corresponderá al procedimiento analítico conocido como el método de los cuatro pasos.

"Los cuatro pasos del método de formación aplicado por el SENA son:

1. El instructor *dice* y *hace*.

2. El alumno-trabajador *dice*, el instructor *hace*.

3. El alumno-trabajador *dice* y *hace*.

4. El alumno-trabajador *hace*, el instructor *supervisa*".[18]

Como se puede apreciar en la estructura que sigue el *método de trabajo*, se busca que el alumno-trabajador cumpla los siguientes pasos en su entrenamiento en el puesto de trabajo: primero, escuchar y ver, después preguntar y ver, en seguida repetir y hacer, y por último, sólo hacer y ser visto. La figura

---

17. Martínez Tono, Rodolfo, *op. cit.*, pp. 29-30.

18. *Ibíd.*, p. 30.

del instructor juega un papel de mediación: la instrucción se da a partir de las "fichas de instrucción"; su decir sigue la línea demarcada por la instrucción, en tanto secuencia de pasos, microactividades desplegadas en un tiempo preciso. Si bien el instructor actúa en un primer momento como modelo de ejecución, el verdadero papel que se le asigna dentro del proceso y el cual constituye la meta del método de trabajo es el de supervisor. [19]

Cabe resaltar el énfasis de la supervisión en distensionar y asesorar, pero también ese doble juego de controlar y de potenciar. Supervisar entonces será, no tanto "mirar desde arriba" como mecanismo de dominación y sujeción, sino una función que se lleva a cabo en la medida en que despliega formas no visuales de mirar, que no están apoyadas en el punto de visión, es decir, en el control perceptivo.

---

19. Siguiendo el trabajo de la profesora Lilian Betancourt, la supervisión busca distensionar las posibles fricciones que se dan en las relaciones jerárquicas (instructor-aprendiz-mando medio, maestro-estudiante-supervisor, etc.) propias de todo proceso de formación, de instrucción, y/o de producción. Piénsese que la supervisión, como una práctica diferente a la sola inspección, se desarrolló al interior de las empresas, del ejército, de la industria, de la educación. La supervisión no sólo se plantea, entonces, como un mecanismo de control y de vigilancia, sino que también tiene como función asesorar y orientar. "Supervisar significa 'mirar desde arriba', es decir, tener la globalidad del proceso, mirar en la perspectiva del funcionamiento del sistema y tener la capacidad de asegurar su adecuado funcionamiento, desarrollando una labor de asesoramiento que permita introducir los cambios y correctivos a tiempo, de tal manera que se traduzca en la mayor eficiencia con el menor costo posible". Betancourt, Lilian, "Inspección y supervisión 1870-1960: de la comprobación y la sanción a la orientación y el perfeccionamiento" (mecanografiado), Bogotá, CIUP, 1990.

*La metodología para la elaboración
de programas*

Las formas de actuación de las tecnologías ocupacionales enfatizan el componente analítico: éste es su distintivo más visible, a partir de él se hacen tangibles, adquieren forma. La racionalización de la acción se materializa en técnicas, en procedimientos, en metodologías. En tanto tecnologías buscan operar. Se hallan guiadas por lo que Kauffman define como utilidez (utilidad y validez): son consecuentes con los rigores de la cientificidad, con los parámetros de la mensurabilidad, vinculan el componente cualitativo que exige todo proceso, y hacen eco de las exigencias reales o de contexto. En el caso del SENA, desde su misma creación y de una manera más rigurosa desde 1964,[20] la elaboración de un programa es más compleja de lo que parece a primera vista:

— Una vez detectadas las necesidades numéricas que justifican impartir un programa de formación profesional, se procede a un análisis sistemático del puesto de trabajo,[21] lo cual implica llevar a cabo lo que se conoce como el análisis

---

20. La proliferación de acuerdos e instrucciones de la Dirección General constituyen los mecanismos reguladores de la actividad institucional al interior del SENA Ello desemboca en la elaboración de manuales que buscan unificar y concertar las diferentes acciones en diferentes campos de actuación específica, como por ejemplo, el *Manual para la elaboración de programas de formación profesional*, elaborado en 1966 de acuerdo con los parámetros establecidos por el Consejo Nacional mediante el Acuerdo No. 4 de 1963 y la Instrucción 47 de 1966.

21. Por puesto de trabajo se entiende "el conjunto definido de tareas, deberes y responsabilidades que dentro de ciertas condiciones de trabajo, constituye la labor regular de un individuo". Ver *Manual de metodología para la elaboración de programas de formación profesional*, Bogotá, SENA, 1964, p. 2.

ocupacional, enfatizando las calificaciones que se requieren para su ejercicio. Este análisis de las características del puesto de trabajo, cuya realización se cumple en las diferentes empresas, deriva hacia la elaboración de la monografía profesional[22], que da cuenta de las cualidades y aptitudes físicas requeridas (instrumento que registra tal vez por primera vez lo que hoy conocemos como perfil profesional) para desempeñarse como obrero calificado en el puesto de trabajo en cuestión.

— Posteriormente se procede a la descomposición ordenada del conjunto de operaciones complejas en otras más simples, plasmado en lo que se conoce como el cuadro analítico de operaciones. Teniendo aislada la operación, y sólo a partir de esta atomización de la actividad, se procede a la selección de los distintos conocimientos, conformando así el cuadro analítico de conocimientos (en donde se consideran conocimientos prácticos, tecnológicos y de cultura general relacionados con el trabajo). El proceso deductivo no se detiene, pues de la sumatoria de los cuadros analíticos se conforma el plan de estudios (entendido como el conjunto de materias, horario y duración total del curso). La especificación del contenido de cada una de las materias constituye el programa analítico de las mismas.

La forma operativa del programa se da a partir de las denominadas unidades de enseñanza. Estas cápsulas de actividad

---

22. Hasta 1959 las monografías profesionales utilizadas en el país correspondían a traducciones del inglés comunicadas por la OIT. Desde esta fecha en la cual el SENA inicia sus actividades de formación, las monografías serán realizadas en el país, (por ejemplo, los Talleres Vélez Ángel en Bogotá y Mercantil Praco Ltda. y Hacienda Casablanca en Madrid).

representan la culminación de un largo proceso analítico. Pero el proceso de fragmentación no se detiene, pues la unidad de enseñanza resulta demasiado abstracta, a fin de cuentas, poco operativa. Y como se trata de elevar eficiencia y operatividad, la unidad se descompone nuevamente, ahora en subunidades llamadas fichas: fichas de presentación del ejercicio, de orden operacional y de instrucción propiamente dicha (de tecnología, cálculo aplicado, seguridad, higiene, ejecución, etc.).

Todos estos componentes se agrupaban en las denominadas series metódicas.[23] Llámense Centros de Formación Industrial o Empresas Didácticas o Fincas Didácticas, las fichas de instrucción y la metodología utilizada son inherentes a cada una de estas formas institucionales y en ellas se ha basado gran parte de la formación que se imparte en el SENA.

El esquema estaría dado por los siguientes elementos:

ANÁLISIS OCUPACIONAL⟶ CUADRO ANALÍTICO DE OPERACIONES CUADRO ANALÍTICO DE CONOCIMIENTOS⟶ PLAN DE ESTUDIOS Y PROGRAMA ANALÍTICO ⟶ UNIDADES DE ENSEÑANZA.

---

23. La serie metódica está constituida por las siguientes partes: a) Índice y definición técnica del oficio, y b) Unidades de enseñanza. A su vez cada unidad de enseñanza, como se había señalado anteriormente, comprende: a) Ficha de presentación del ejercicio, b) Ficha de orden operacional, y c) Fichas de tecnología, cálculo aplicado, seguridad, higiene, ejecución, etc. Las series metódicas se hallan apoyadas a su vez por las ayudas didácticas y los manuales de instrucción dirigidos a los instructores.

## 3. El privilegio de la instrucción y la instrumentalización de la enseñanza

Como se puede apreciar, en el centro de todas estas experiencias se encuentran procesos de instrucción. Pero es necesario precisar que tales procesos de instrucción, tanto en su sentido como en sus prácticas, presentan características marcadamente diferentes a aquellas con las que se identificaba la "instrucción" en el pensamiento pedagógico del siglo XIX. [24]

En primer lugar, suponen un proceso de diferenciación entre la educación como formación y la instrucción que designará aquí la transformación y perfeccionamiento mediante un conjunto de técnicas cuyo objeto es la eficacia de la acción. Si bien es cierto el concepto de educación abarca un conjunto de actividades amplias, en sentido estricto y limitado (instrucción) se refiere a "aquellas actividades que se organizan intencionalmente con el propósito expreso de lograr determinados objetivos educativos y de aprendizaje". [25]

En segundo lugar, se trata de afectar el aprendizaje mismo con el fin de crearlo y definirlo como un acto de comportamiento que puede ser transformado y afinado para volverlo más efectivo.

---

24. Por ejemplo, dentro de la propuesta pedagógica de Herbart, la instrucción tenía una dimensión ética y estética, pues su objetivo era la formación del carácter mediante la ampliación del círculo de ideas. Si bien para Herbart la instrucción implicaba un proceso de organización previa de experiencias y conocimientos, su propósito *no* era el aprendizaje (noción elaborada posteriormente por la psicología "científica") sino la multiplicidad del interés, concepto profundamente asociado con una ética y una estética.

25. Coombs, Philip, *La crisis mundial de la educación*, Barcelona, Ed. Península, 1978, p. 19.

En tercer lugar, la instrucción es sometida a un proceso de programación a partir de técnicas de secuenciación del material, que concluye en la estructuración de un programa. Es decir, se realiza una tarea previa a la enseñanza mediante la cual esta, al ser sometida a un proceso minucioso de diseño y programación, se instrumentaliza en función de la efectividad en el logro de aprendizajes.

En este sentido, lo que se puede advertir es la aparición hacia finales de los años 40 de un conjunto de experiencias educativas al margen de la escuela primaria, dirigidas a dos sectores de la población claramente diferenciados (los marginados y la fuerza de trabajo media), y cuyo elemento más característico es el énfasis en procesos de programación y diseño de la instrucción (proceso que hemos llamado *instrumentalización de la enseñanza*).

Para el primer caso, podríamos decir que tales experiencias educativas —en la medida en que sus acciones no están dirigidas a la población como totalidad, sino hacia sectores específicos de aquella— generan un proceso de *sectorización de la población*, entendida como la configuración de grupos poblacionales específicos, en la perspectiva de ejercer un control social diferenciado y más eficaz; la sectorización opera así, de manera general, haciendo visibles grupos sociales desde su vínculo y necesario compromiso con el orden de la producción y con las metas impuestas para alcanzar el desarrollo.

Se trata de un nuevo mecanismo que busca integrar la población marginada a la sociedad y al desarrollo nacional, y de calificar la fuerza laboral, nombrada como recurso humano, en tanto es ella la encargada de aumentar la productividad y por esta vía el crecimiento económico, primera forma de existencia del desarrollo. Hacia los primeros se dirigirán las acciones correspondientes a la educación fundamental, y hacia los segundos se orientarán los programas de calificación de la mano de obra. Estos dos mecanismos actuarán de una forma no concertada, con la mediación pero sin la intervención directa del Estado, al punto que gran parte de los procesos institucionales que los distinguen son producto de apropiaciones y desarrollos autónomos que no obedecen a una directriz en particular, sino más bien a una combinatoria tanto de procesos de transferencia tecnológica como de elaboraciones y adaptaciones tendientes a su institucionalización.

Para el segundo caso podríamos decir que tales experiencias educativas, iniciadas en espacios diferentes a la institución educativa formal y fundadas sobre las prácticas ajenas a las tradiciones de la escuela, dan inicio en Colombia a un proceso de instrumentalización de la enseñanza, caracterizado por la introducción de minuciosos procesos de diseño y programación en la perspectiva de garantizar aprendizajes efectivos.

Así, experiencias como ACPO (iniciada en 1947) y el SENA (oficializada en 1959), analizadas en su régimen institucional y los procesos formativos que pusieron en marcha, aportan suficientes elementos para afirmar que *el proceso de instrumentalización de la enseñanza originado hacia la segunda mitad del siglo XX no se inicia en la escuela y más particularmente en las prácticas de enseñanza que la soportan (esencialmente tradicionales, si tenemos en cuenta, tanto la estructura como su funcionamiento institucional). Se trata de un proceso que tiene su emergencia por fuera de la escuela (inscrito en el espacio abierto por experiencias como la de ACPO, el SENA y el FPC) pero que en el mediano plazo introdujo prácticas novedosas y desconocidas en el espacio escolar tradicional.*

Sólo a partir de la puesta en marcha de la tercera Misión Pedagógica Alemana en 1965, los nuevos procedimientos de instrucción llegan a la escuela. Desde ese momento se sientan las bases de un proceso de transformación de la enseñanza en el cual jugaron papel preponderante las guías elaboradas por la Misión. La nueva reforma —iniciada con la expedición del Decreto 1710 de 1963— no cambió significativamente la orientación y el sistema educativo del país, pero sí transformó los procesos que se realizaban al interior de la enseñanza.

## 4. La Misión Pedagógica Alemana: la instrumentalización de la enseñanza llega a la escuela

Uno de los pasos fundamentales en el proceso de transformación de la enseñanza en el país, fue la elaboración y puesta en marcha del Primer Plan Quinquenal de Educación (1956). En el marco de este plan —que señala la necesidad de transformar la educación primaria y mejorar la calidad de enseñanza normalista— se expidieron los decretos 1710 de 1963 —en el que se fijan los objetivos de la educación primaria y se unifica el plan de estudios para todas las escuelas del país— y el 1955 del mismo año, por medio del cual se reorganizan los estudios normalistas estableciendo un nuevo plan de estudios.

El Decreto 1710 establece por primera vez los "objetivos primordiales" de la educación primaria, fija cinco grados de escolaridad para todas las escuelas del país y modifica el plan de estudios vigente desde 1950 (Decreto 3468). A su vez, el Decreto 1955 por el cual se reorganiza la educación normalista, acogiéndose a los planteamientos centrales del Primer

Plan Quinquenal, en donde se declaraba que "la psicología, especialmente la infantil y aplicada, constituirá una de las materias básicas y más importantes", y se proponía cultivar "con la mayor intensidad la ciencia de la educación y las materias afines y derivadas, así como las *técnicas del aprendizaje*.[26] En su esencia este decreto intenta modificar las prácticas de enseñanza, desde la psicología y las ciencias de la educación, y no desde la pedagogía.

El decreto, considerando que "una de las necesidades inaplazables es la de acentuar el carácter profesional de la escuela normal para que pueda dar una mayor orientación y formación al magisterio de enseñanza elemental...",[27] plantea como requisito indispensable "intensificar el estudio de las ciencias y las técnicas pedagógicas y psicológicas con el fin de que el maestro pueda comprender y orientar la conducta del niño [y] guiarlo en el *progreso del aprendizaje...*".[28]

Es importante aquí detenernos en ciertas nociones que introduce este decreto, nociones que si bien ya venían siendo trabajadas desde el discurso de la escuela activa, adquieren en este decreto nuevas dimensiones, pone en evidencia la presencia de un discurso novedoso que aún no ha logrado articularse como un cuerpo teórico y metodológico, pero que se introduce y comienza a instaurarse dentro del discurso legislativo de la educación colombiana. Nociones como habilidades, destrezas, aprendizaje, objetivos, aparecen ligados

26. MEN, "La educación media en Colombia, Primer Plan Quinquenal", Bogotá, spi., p. 9 (mimeo). El subrayado es nuestro.
27. MEN, Decreto 1955 de 1963.
28. Ídem. El subrayado es nuestro.

ahora a una psicología que ya no centra su atención en el niño y sus aptitudes, intereses, necesidades, procesos, etc., sino que más bien se interesa por el aprendizaje y las conductas, habilidades y destrezas del educando, cambiando el rumbo del proceso de formación del maestro y planteando como punto fundamental  "el uso de métodos y técnicas para la *dirección del aprendizaje*".[29]

Ahora bien, a pesar de la extensión del Decreto 1955 y del conjunto de nociones que introduce, y teniendo en cuenta la vaguedad y generalidad del Decreto 1710, las reformas que se implementaron por esta época en la enseñanza no se encuentran expresadas en estos actos legislativos. Estos decretos abren más bien un espacio, un horizonte, desde donde será posible iniciar un proceso de transformación de las prácticas pedagógicas; transformación que, como lo registra el texto legislativo que reorganiza los estudios normalistas, se sitúa dentro del territorio de un nuevo discurso en cuya base se encuentra la práctica de la planificación. Será dentro de las actividades desarrolladas a propósito de la firma del Segundo Convenio Adicional por parte del gobierno colombiano y del gobierno alemán el 25 de noviembre de 1968, en donde se irá articulando una reforma de la enseñanza que marcará nuevos rumbos a la práctica pedagógica.

---

29. *Ídem.* El subrayado es nuestro.

## La Misión Pedagógica Alemana (MPA) y la planificación de la enseñanza

La firma de este convenio bilateral oficializa la colaboración del gobierno alemán para el "desarrollo de la enseñanza primaria en la República de Colombia mediante medidas de reforma en los sectores del perfeccionamiento del profesorado, de la organización práctica de la enseñanza y de los medios de enseñanza". [30] Se trataba entonces, como lo expresa el mismo convenio, de "prestar ayuda para desarrollar los programas establecidos en virtud del Decreto 1710", [31] ayuda que se efectuó a través de tres actividades principales: a) elaboración de guías para el desarrollo de los nuevos planes de estudio; b) elaboración de material didáctico para auxiliar al maestro en su práctica de enseñanza [32] y c) capacitación a los maestros en el uso de las guías y el material didáctico elaborado.

De acuerdo con los estudios y análisis elaborados por la Misión Pedagógica Alemana, "lo más urgente y aquello en que se podía realizar una labor más eficaz en beneficio de la educación primaria, era la producción de materiales que ayudaran al maestro y al alumno en el mejoramiento del acto de enseñanza-aprendizaje". En esta dirección la MPA enfocó gran parte de su actividad. Además de las guías, de

---

30. Citado por Ferro, Ma. Cristina de (*et al.*), "Evaluación de materiales educativos elaborados por el MEN y la Misión Pedagógica Alemana (mimeo), Bogotá, MEN-UPN-GTZ, 1982, pp. 32-33.

31. *Ídem.*

32. *Ídem.*

las cuales se editaron cerca de 300.000 ejemplares (de 1o. a 5o. de primaria), se publicaron miles de cartillas de lectura y de matemáticas, de textos de música, textos para manualidades y educación física; se distribuyeron más de 15.000 ficheros e innumerable cantidad de sellos y juegos didácticos, mapas, cuadernos, lápices, instrumentos musicales, láminas, etc. Unido a la producción de materiales y guías didácticas, se inicia en 1974 el programa de capacitación llevado a cabo por los supervisores departamentales y cerca de 450 multiplicadores (maestros en comisión) que recorrieron el país realizando seminarios y talleres para los maestros y entregando el material didáctico producido.

La Misión Pedagógica Alemana inicia sus actividades teniendo como base un desolador diagnóstico de la situación de la enseñanza primaria en el país. Ante la urgencia del problema (elevados índices de deserción y mortalidad escolar, deficiente preparación del magisterio, escasez de recursos técnicos y materiales, deficiente presupuesto educativo, etc.) se requería de una solución rápida y eficaz, solución que al modo de ver de los técnicos de la Misión, consistía en dotar al maestro de unos instrumentos didácticos y metodológicos que orientaran y guiaran su labor: sólo de esta forma se podría garantizar una mejora cualitativa de la enseñanza primaria con la rapidez y eficacia que imponía el momento.

La MPA inicia sus actividades con el diseño y elaboración de diversos materiales didácticos y las *Guías para el maestro,* cuyo objetivo fundamental era dotar al maestro de un instrumento que [le permitiera] desarrollar el programa del curso indicándole la metodología para su enseñanza y sugiriéndole actividades prácticas complementarias, con el fin de alcanzar la deseada mejora cualitativa del proceso enseñanza-aprendizaje.[33] Con este propósito los expertos alemanes y el equipo colombiano que apoyó el trabajo de la Misión, iniciaron en 1969 la publicación de las primeras *Guías para el maestro*, que eran, para el caso de los grados 1º a 3º, una colección de tres volúmenes denominados Desarrollo, Parcelación y Anexo, a través de los cuales se buscaba orientar la labor del maestro para el desarrollo de los nuevos programas de estudio contenidos en el Decreto 1710.

Las guías en su intento por dotar al maestro de un instrumento que organizara metodológica y didácticamente su práctica, introducen la planificación de la enseñanza como la solución más adecuada para obviar la deficiente preparación del magisterio. Planeando la enseñanza, es decir, parcelando los contenidos de acuerdo con unos temas generales, definiendo objetivos generales y específicos, determinando el conjunto de actividades y recursos necesarios para el desarrollo de los temas y el logro de los objetivos y por último, evaluando permanentemente, no sólo se garantizaba la uniformidad de contenidos en todas las escuelas del país (propósito fundamental del Decreto 1710 del 63) sino que, como punto fundamental, se ponía en funcionamiento un modelo uniforme para el desarrollo de tales contenidos.

La distribución de las guías, unidas a los cursos de capacitación para su manejo, buscaba consolidar un modelo que organizara la práctica de enseñanza del maestro. El intento de la Misión se

---

33. Ferro, María Cristina de, "Análisis de una experiencia: la Misión Pedagógica Alemana", en *Revista Colombiana de Educación*, Nº 10, Bogotá, CIUP, II semestre de 1982, p. 38.

constituye, de esta manera, en la primera forma de dirección y control sistemático de enseñanza del maestro en Colombia, dirección y control que se implementaron mediante la planificación de la enseñanza, circunscribiendo su labor al esquema: objetivos-contenidos-actividades-recursos y posteriormente, evaluación.

Frente al diagnóstico elaborado por la Misión en 1968, que pone de presente las deficiencias en la formación de maestros, sumado a la crisis de la educación primaria, el Estado responderá por esta época, como en ocasiones anteriores, con soluciones inmediatas y de emergencia: sin comprometerse a fondo en la consolidación y adecuación administrativa y pedagógica de las instituciones formadoras de maestros.

Ahora bien, esta opción por la planificación de la enseñanza tuvo varias e importantes implicaciones para la enseñanza y el maestro en Colombia:

a. La planificación, proveniente de territorios diferentes al de la educación, penetra y se instaura dentro de las prácticas escolares constituyéndose en su eje articulador. Una vez se articula esta práctica a las prácticas escolares, no será posible pensar en un proceso de enseñanza por fuera de los métodos y procedimientos de la planificación.

b. La práctica del maestro al concebirse como objeto de la planificación, establece un nuevo mecanismo de control que limita y circunscribe la práctica de enseñanza. Si antes el Estado fijaba los planes y programas de estudio y el maestro los desarrollaba de acuerdo con su experiencia y saber, desde la planificación de la enseñanza esa experiencia y ese saber serán descalificados, y en adelante la enseñanza deja de ser el territorio por excelencia del maestro y comienza a ser invadida por técnicos y expertos.

c. La práctica del maestro se esquematiza al introducirse la parcelación como elemento fundamental en su quehacer y el modelo objetivos-contenidos-actividades-recursos-evaluación como la guía que dirige su actividad de enseñanza. Se trata del establecimiento de un conjunto uniforme de procedimientos para realizar la enseñanza, un modelo técnicamente elaborado para lograr que el maestro "tecnifique" su práctica.

d. Con la extensión, minuciosidad y tecnificación del planeamiento de la enseñanza, se ata el saber del maestro a la guía, pues es en ella en donde encontrará los nuevos elementos que necesita para su práctica. En este sentido, las guías serán el nuevo manual del maestro.

e. La enseñanza se fragmenta, se parcela, se dosifica en paquetes compuestos por temas-objetivos-actividades-recursos-evaluación, distribuidos por semanas, implantándose con ella la enseñanza por objetivos, los cuales de acuerdo con las guías, "deben estar encaminados a *obtener en el alumno cambios de conducta, desarrollo de habilidades y destrezas* y adquisición de conocimientos";[34] de esta forma *los objetivos constituyen el eje de la planificación de la enseñanza y de la práctica del maestro;* las actividades que realice este, denominadas "actividades de aprendizaje", deben estar orientadas al "logro de los objetivos propuestos" y en ello colaborarán los recursos y materiales didácticos; por último, la evaluación ha de comprobar el

---

34. MEN-MPA, *Guía para el maestro, primer grado de enseñanza primaria, desarrollo,* 5a. edición, Bogotá, MEN, 1975, p. 6. El subrayado es nuestro.

logro de los objetivos, y es considerada de importancia vital dentro del proceso educativo.[35] Allí se define la evaluación como "el proceso o conjunto de procesos mediante el cual se aprecian las manifestaciones de la conducta de los alumnos",[36] se especifican los aspectos que deben evaluarse: aprendizajes afectivos, psicomotores y cognoscitivos, y se plantean varios modelos de "pruebas objetivas", pues éstas "ofrecen una manera de apreciación sistemática del rendimiento de los alumnos, teniendo en cuenta el conocimiento, la habilidad y la comprensión, con el mínimo de subjetividad y el máximo de seguridad",[37] en contraposición a las pruebas tradicionales, que son de "muy baja confiabilidad por ser demasiado subjetivas".[38]

f. Un conjunto de nociones como las de objetividad, confiabilidad, efectividad y eficacia, provenientes del discurso y prácticas administrativas, se introducen en el discurso educativo ligando en cierta medida la educación a las prácticas productivas. La escuela comienza así a adquirir un carácter empresarial, donde lo importante es el rendimiento del proceso, expresado en el logro de los objetivos en torno a los cuales se ha realizado la planificación.

De esta manera se puso en marcha un proceso de transformación de la enseñanza, proceso realizado de hecho a través de las guías de la Misión Pedagógica, pero que sin embargo

---

35. MEN-MPA, *Guía para el maestro, primer grado de enseñanza primaria, Anexo*, 5a. edición, Bogotá, MEN, 1975, p. 1.

36. *Ídem*. El subrayado es nuestro.

37. *Ibíd.*, p. 3.

38. *Ídem*.

no significó un abandono de las viejas prácticas, sino más bien una articulación, adecuación y apropiación de prácticas novedosas a la tarea escolar (planificación, parcelación de contenidos, definición de objetivos operacionales, evaluación de comportamientos, habilidades y destrezas, etc.). La nueva reforma no cambió la estructura de la escuela pero sí transformó los procesos que se realizaban al interior de la enseñanza: el sistema educativo no cambió, pero se inició un proceso de transformación de la enseñanza en la escuela primaria.

Con la programación de la instrucción se introduce una forma de operar específica que privilegia el aprendizaje como conducta y el procesamiento de los contenidos que van a ser enseñados mediante un riguroso diseño con el objeto de seleccionar contenidos que susciten conductas observables. Esta afirmación la sustentan las actividades de programación y planificación de la enseñanza, la utilización de guías como soporte fundamental de sus acciones de perfeccionamiento docente, la inclusión de la parcelación y los objetivos específicos para guiar la instrucción, en fin, el desplazamiento del programa como índice sumario de materias a una concepción más comprensiva del mismo mediante la planificación de la enseñanza.

# 5. El campo del currículo y la instrumentalización de la enseñanza

*"...la educación de los niños mediante planes y programas adecuados es el medio más eficaz para formar ciudadanos capaces de crear una nación próspera y feliz". Esta frase marca el límite entre dos formas de pensamiento.*

Seminario de Planes y Programas de Estudio de Educación Primaria en América Latina, realizado en Huampaní, Perú, en 1956,

## La preocupación por los planes y programas

A partir de la década de los años 50 la educación colombiana (y muy seguramente la educación latinoamericana) encuentran en la estructuración de planes y programas de estudio el núcleo de sus preocupaciones. Por contraposición, si bien durante la primera mitad del siglo se habla ya de los planes y programas, no eran estos el eje de la reflexión y organización de la educación y la enseñanza. Estas giraban —en el caso colombiano— en torno a preocupaciones de un orden bien diferente. Así, de un modelo cuyo propósito más general fue la *higienización* y la *restauración fisiológica de la población* con miras al logro del "progreso" nacional, modelo sustentado en saberes como la psicología infantil, la psicopatología, la pedagogía activa, la higiene y la medicina escolar; en un conjunto de instituciones como las granjas, los restaurantes y los roperos escolares, las escuelas normales rurales, la Cruz Roja infantil, las colonias de vacaciones, entre otras, se pasará progresivamente y en un proceso desigual de apropiación y transformación institucional a un modelo bien diferente, cuyo propósito más general será la *escolarización* y *curricularización* masiva de la población en la perspectiva de lograr las metas planteadas por la nueva estrategia del desarrollo, modelo sustentado a su vez en saberes como la planificación, la economía, la administración, la sociología educativa y la tecnología instruccional y educativa, en instituciones como la Oficina de Planeación del Ministerio de Educación Nacional (MEN), el Instituto Colombiano de Pedagogía (Icolpe), los Institutos Nacionales de Educación Media (INEM), las Concentraciones de Desarrollo Rural (CDR), las Facultades de Educación (principalmente las de la Universidad Pedagógica Nacioal (UPN) y la Universidad de Antioquia), la División General de Capacitación, Currículo y Medios Educativos del MEN, entre las más destacadas.

A partir de la segunda mitad del siglo XX las reflexiones acerca del currículo ocupan un lugar principal dentro de las investigaciones y discusiones educativas actuales en casi todo el mundo. El currículo no es sólo un lugar común en los discursos educativos, sino algo así como un hecho "connatural", inherente a cualquier proceso educativo y pedagógico, de tal forma que podríamos decir que el pensamiento y las prácticas educativas actuales se han curricularizado.

### Procedencia del campo del currículo

El currículo es un hecho reciente en nuestra historia educativa. En rigor, la idea del currículo no tiene más de 40 años de haberse expandido por el campo de la educación en nuestro país. Ella aparece ligada a los discursos y prácticas sobre el "desarrollo" y la "planificación" que desde la década de los años 50 y provenientes de los llamados países industrializados (principalmente de los Estados Unidos) iniciaron un proceso de reforma radical de la educación latinoamericana. La historia del currículo es, pues, la historia de la reforma de la educación y la enseñanza durante los últimos 40 años.

Es curioso, sin embargo, que los textos de historia de la educación no mencionen dentro de sus páginas a la corriente educativa y pedagógica de donde emergió el concepto de currículo. Es más, los actuales programas curriculares que orientan el desarrollo de la enseñanza en el país, no mencionan esta corriente dentro de sus fundamentos y, por el contrario, dedican varias páginas para referirse a la escuela activa, a la psicopedagogía piagetiana, y otros modelos que si bien han incidido en la estructuración de los programas curriculares, no llegan a ocupar un lugar tan destacado como el que posee la teoría curricular. Si descartamos que esta ausencia sea una operación deliberada, quizá entonces este olvido no sea más que un juego de la memoria, un mecanismo que nos mantiene a distancia, salvaguardados del asombro que nos produciría conocer la oscura procedencia del currículo: el taylorismo (organización científica del trabajo), el *management*, los procesos de *training* —de origen anglosajón— desarrollados desde comienzos de siglo en fábricas, empresas, y hasta en el ejército, con claros propósitos de eficacia, rentabilidad, control social, homogeneización y normalización de grupos humanos.

Si bien el currículo es más o menos un concepto reciente en nuestra formación social, tiene ya casi un siglo de haberse constituido como campo de reflexión sobre la educación. Su emergencia la encontramos en los intentos de sectores intelectuales norteamericanos de comienzos de siglo por imprimir una "racionalidad" a la acción educativa. Hablamos de una racionalidad porque en el campo del currículo no fue la única propuesta para dirigir y orientar racionalmente la educación y la enseñanza. Paralelamente a los intentos de los curriculistas de comienzos de siglo encontramos los bien conocidos planteamientos de los llamados pedagogos activos. A pesar de que algunos de estos pedagogos de la escuela activa hablan de *currículum*, sus planteamientos en torno de la organización racional de la actividad educativa difieren, como veremos, de las ideas de los curriculistas.

Dewey, por ejemplo, utiliza la expresión *currículum* para referirse al plan de estudios o al programa escolar. Ya en 1902 publicaba un libro titulado *The Child and The Curriculum* (traducido por Lorenzo Luzuriaga en 1954 con el título de *El niño y el programa escolar*). Posteriormente, hacia la década de los años 20, Franklin Bobbitt y W. W. Charters, publican varios textos en los que exponen sus ideas sobre lo que entienden por este término.[39] Pero aunque uno y otros no hablen de lo mismo, en ambos casos es posible identificar, bajo la idea de currículo, una clara pretensión de racionalización de la acción educativa. Se trató, pues, no de una diferencia de objetivo, sino fundamentalmente de dos maneras distintas de lograr aquel propósito que obsesionó por entonces la tarea educativa.

Para Dewey la acción educativa debería constituir un proceso de "enriquecimiento de la experiencia" y por tanto, aquella debería estar organizada de tal manera que permitiese el libre desenvolvimiento de la actividad del niño. Dentro de esta perspectiva, el plan de estudios no podría ser un obstáculo

---

39. Entre los textos de F. Bobbitt figuran: *How to Make a Curriculum*, 1924; *The Curriculum*, 1918. Entre los textos de W. W. Charters están: *Curriculum Constructions*, 1922-1924; *Funtional Analysis as The Basis for Curriculum Construction*, 1924.

para ese libre desenvolvimiento; no podría constituir un marco rígido y predeterminado de manera tal que llegase a constituir una coerción o forzamiento de la actividad infantil. Antes que un orden lógico, el programa escolar estaría alentado por un orden psicológico. Así, la clave para obtener efectividad en la tarea educativa era el "interés espontáneo". Organizar la acción educativa desde el interés espontáneo es disponer las condiciones más favorables para garantizar cualquier aprendizaje. He aquí el principio de racionalización de la escuela activa.

"La escuela para la vida", dice el principio básico de la escuela activa. Pero, ¿cómo sirve la escuela a la vida? Mediante el enriquecimiento de la experiencia. Ciertamente, la escuela debe preparar para la vinculación de la infancia a la vida social moderna; pero sólo en la medida en que el individuo tenga un pleno desenvolvimiento, en la medida en que haya una expansión de su experiencia, la sociedad se verá nutrida, pues esta no es más que el conjunto de individuos que la componen. La educación tiene un claro fin social, pero ese fin sólo es posible lograrlo con la formación de cada individuo. Así, el programa, el plan de estudios, se construyen alrededor de la experiencia presente del niño en función de su enriquecimiento.

Para Bobbitt (quizá el más importante representante de la corriente curriculista, al decir de Bode y Apple), [40] por el contrario, "la educación es ante todo, para la vida adulta, no

---

40. Bode, Boyd H., *Teorías educativas modernas* (Trad. de Manuel Gallardo), México, Uteha, 1939; Apple, Michael W., *Ideología y currículo* (Trad. de Rafael Lassaletta), Madrid, Ed. Akal, 1986. (El texto original en inglés es de 1979).

para la niñez. Su misión fundamental es preparar para los cincuenta años de la madurez, no para los veinte de la niñez y la juventud".[41] Pero, ¿qué es la vida adulta?

> "La vida humana, aunque variada, consiste en la ejecución de actividades específicas. Una educación que prepare para la vida será aquella que prepare definida y adecuadamente para estas actividades específicas. Se pueden conocer, por muy numerosas y diversas que sean las actividades que correspondan a una clase social determinada. Para eso basta con internarse en el mundo de los negocios y actividades y observar las características de cada una de las ocupaciones. Esto pondrá de manifiesto las habilidades, actitudes, hábitos, apreciaciones y formas de conocimiento que necesita el hombre". De esta forma, cobra vigencia en esta perspectiva la necesidad de un plan previamente elaborado que dirija ese proceso de preparación. "Estos serán los objetivos del plan de estudios. Serán numerosos, definidos y particularizados. El plan de estudios consistirá, pues, en las series de experiencias que deben tener los niños y los jóvenes a fin de alcanzar aquellos objetivos".[42]

Como se ve, la racionalización de la acción educativa cobra en los curriculistas una dimensión especial. Se trata de un diseño elaborado sobre la base de un análisis detallado de las diferentes ocupaciones a las que se circunscribirá la vida adulta en una sociedad moderna, industrializada, cuyo fundamento esencial es la división social del trabajo. La complejidad que en la sociedad moderna asume la división social del trabajo impone una mirada analítica, a la vez que un criterio cada vez más pragmático. En este sentido, la racionalización de

---

41. Bobbitt, F., *How to Make a Curriculum*, citado por: Bode, Boyd, op. cit., p. 26.
42. Bobbitt, F., *The Curriculum*, citado por: Bode, Boyd, op. cit., p. 57.

la acción educativa impone una revisión de los objetivos que hasta entonces se consideraban como válidos. Al respecto dice Bobbitt:

> "Deben evitarse aquellos objetivos que no son sino aspiraciones y esperanzas vagas o rimbombantes. Ejemplos de esto son la *formación del carácter, el desarrollo armónico del individuo, la eficiencia social, la disciplina general, la cultura*, etc. Todos estos siguen siendo válidos, pero son demasiado nebulosos para servir de guías en la práctica. Pertenecen a la visionaria adolescencia de nuestra profesión; no a la prudente y un tanto desengañada madurez".[43]

Es importante tener presente la estrecha relación entre estos planteamientos "educativos" y aquellos que aparecieron hacia finales del siglo XIX con los teóricos de la "administración" o el *management*, al decir de los anglosajones (término que por cierto parece más preciso dados los objetivos de eficacia, control y gobierno que guiaron tales teorías). El *management* se erige, pues, como un potente mecanismo para dirigir y gobernar la acción. En su centro está el diseño y programación minuciosa de las diferentes tareas que debía ejecutar cada obrero en su puesto de trabajo, así como de los instrumentos y herramientas que debería utilizar para realizar más efectivamente su labor. El *job analysis* y su instrumento, el *task analysis*, constituyen, pues, la base misma de la teoría curricular de comienzos de siglo.

Siguiendo los análisis de Apple, el campo del currículo surgió vinculado al problema del "control social" y a la conformación de una "comunidad", en el sentido de un grupo homogéneo

---

43. Bobbitt, F., op. cit., p. 55.

en términos culturales y sociales. Al respecto dice Apple: "Este compromiso por tener un sentido de la comunidad, basado en la homogeneidad cultural y el consenso de valores, ha sido y sigue siendo uno de los legados primordiales, aunque tácitos, del campo del currículo".

Este es un punto particularmente importante ya que nos pone de presente la estrecha relación entre el campo del currículo y el problema del "gobierno de la población". Apple dedica todo un capítulo de su libro a analizar esta relación, recurriendo para ello a textos de Bobbitt y Charters. Según estos análisis, el currículo tiene una clara intención homogeneizadora, hecho que Apple le atribuye al problema que ocupó a la mayoría de intelectuales de la sociología y la educación en los Estados Unidos durante las primeras décadas del siglo: se trataba de una reacción de la clase media norteamericana (clase a la cual pertenecían la mayoría de estos dirigentes intelectuales) por mantener el control de la sociedad frente a la expansión de otros dos grupos sociales: los nuevos empresarios inmigrantes, por un lado, y los inmigrantes europeos y negros del sur del país (región básicamente rural), por otro. Estos últimos representaban la introducción en las grandes ciudades del norte de un conjunto de tradiciones políticas, culturales y religiosas de diferente orden, situación que se constituyó, a los ojos de los intelectuales (psicólogos, sociólogos, educadores), como una amenaza para la cultura homogénea que representaba la clase media, hasta entonces el mayor grupo social.

Aunque estas afirmaciones de Apple puedan parecer forzadas en aras de aplicar algún modelo de comprensión social, la variedad de autores que menciona y las referencias que transcribe de textos de aquéllos, dejan en claro que la preo-cupación por la homogeneización de la sociedad, por el establecimiento de un consenso cultural entre los diferentes grupos, ocupó un lugar central dentro de las reflexiones psicológicas, sociológicas y educativas de un considerable número de intelectuales norteamericanos. Si bien sus análisis pretenden develar la ideología que se oculta tras las propuestas de los curriculistas, una relectura de sus planteamientos nos arroja luces para comprender el surgimiento del campo del currículo como ligado estrechamente a una voluntad de homogeneización. [44]

Hasta aquí hemos hablado de la procedencia del campo del currículo. [45] Cuando este campo penetra de manera extensiva en la educación colombiana hacia la década de los años 50, encontramos que ha sufrido importantes transformaciones. Mientras en los primeros años del siglo uno de sus fundamentos teóricos es la psicología del aprendizaje de Thorndike, hacia los años 70, cuando se instaura definitivamente como eje de toda reflexión educativa, ha logrado apropiar nuevas teorías y nuevas tecnologías. Así, la psicología del aprendizaje de Skinner, y posteriormente los desarrollos de Gagne —para citar sólo un autor— sirven de fundamento a los curriculistas.

En síntesis, la hegemonización de la educación y la enseñanza que se opera desde el campo del currículo durante los primeros años de la segunda mitad del siglo XX en Colombia, se hace, en primera instancia, a través de un conjunto de experiencias institucionales por fuera de la escuela (recordemos aquí el SENA, ACPO, el FCP), posteriormente pasa a

---

44. Apple, Michael, *op. cit.*, p. 108.

45. Una presentación conceptual de la categoría campo del currículo (reelaborada) se encuentra en la introducción de este escrito.

la escuela gracias a las actividades de la Misión Pedagógica Alemana de 1965, y por último, se extiende a todo el campo de la educación y del saber pedagógico a través de la tecnología y del diseño instruccional. Proceso que hemos denominado la *tecnologización del campo del currículo.*[46]

Si bien son evidentes las diferencias que hay entre los planteamientos de los teóricos del currículo de comienzos de siglo y las propuestas de Gagne, Bloom, etc., el énfasis que se coloca en el diseño de la instrucción, en la delimitación precisa y minuciosa de objetivos y la orientación del proceso educativo hacia el logro de aprendizajes, nos permite ubicar las elaboraciones de la tecnología y el diseño instruccional dentro de lo que hemos llamado el campo del currículo.

No sobra aclarar que el proceso de curricularización de la educación, es decir, el proceso mediante el cual el campo del currículo toma el control de la dirección de la educación y la enseñanza, es un proceso en el que se reconocen matices, ritmos, niveles diferentes de desarrollo, apropiación y adecuación, como se reconocerá a lo largo del libro.

---

46. De acuerdo con los análisis de Foucault el umbral tecnológico implica: un "desbloqueo epistemológico a partir de un afinamiento de las relaciones de poder; multiplicación de los efectos de poder gracias a la formulación y a la acumulación de elementos nuevos" (Foucault, Michel, *Vigilar y castigar,* Madrid, 1986, p. 227). Las tecnologías instruccionales, en la medida en que significan una posibilidad de predicción y control de la instrucción y el aprendizaje, habrían superado los obstáculos epistemológicos exigidos para su consideración como campo científico (así sea en el nivel de aplicación). De otro lado, es evidente que el detalle y la minuciosidad lograda en el diseño de la instrucción produce un efecto de multiplicación de los efectos del poder.

# CAPÍTULO II

# EDUCACIÓN Y DESARROLLO: ESTRATEGIAS PARA LA ESCOLARIZACIÓN DE LA POBLACIÓN

# 2. Educación y desarrollo: estrategias para la escolarización de la población

Los años de la postguerra fueron testigos de un acelerado proceso de desarrollo económico, social y cultural. Las consecuencias de la guerra en todos los órdenes de la vida, no sólo de los países directamente comprometidos sino del conjunto de naciones, plantearon un reto mundial que se sintetizó en una palabra: desarrollo. Se trataba, además de reconstruir las naciones arrasadas por la guerra, de elaborar un nuevo orden cuyo fundamento consistió en allanar los caminos que condujeran de la manera más rápida y eficaz hacia aquella meta que se instaura desde entonces como el ideal occidental, por el cual debían propender todas las naciones civilizadas del mundo, apoyándose para ello en la convivencia pacífica de todos los países y en los avances científicos y tecnológicos bajo el principio de la cooperación técnica internacional.

## 1. La mundialización de la educación [1]

El desarrollo como estrategia, generada a partir de 1945 en los países industrializados,[2] creó un nuevo campo de acción delimitado por la noción de "subdesarrollo" y por el despliegue de nuevas formas de ejercicio del poder. Tal estrategia se constituyó —según Arturo Escobar— en una tecnología política cuyo propósito fue "el manejo, y más aún, la creación sistemática del Tercer Mundo", bajo el objetivo final de "mantener ciertas formas de explotación y dominación".[3] En su orientación jugó un papel preponderante la identificación de la pobreza y el atraso como enemigos, a los que había que enfrentar, en la medida en que allí se identificaban las causas de la desigualdad social y los bajos niveles de productividad.

Nuevamente, el viejo problema de la pobreza adquiere una nueva visibilidad, pero inscrito en otro orden de cosas, como factor de "atraso" y a su vez como elemento justificatorio del

---

1. Los propósitos de las Naciones Unidas son: 1. mantener la paz y la seguridad internacionales. 2. Fomentar entre las naciones relaciones de amistad. 3. Realizar la cooperación internacional en la solución de problemas internacionales de carácter económico, social, cultural o humanitario. 4. Servir de centro que armonice los esfuerzos de las naciones por alcanzar estos propósitos comunes (Carta de las Naciones Unidas, Nueva York, 1946).

2. El análisis del desarrollo como discurso y como estrategia hace parte del trabajo investigativo del doctor Arturo Escobar V. Para el efecto ver su artículo "La invención del desarrollo en Colombia", *Lecturas de Economía*, Nº 20, Medellín, Departamento de Economía y Centro de Investigaciones Económicas, Universidad de Antioquia, mayo-agosto, 1986, pp. 11-35. Ver además su libro *La invención del Tercer Mundo. Construcción y deconstrucción del desarrollo*, Bogotá, Grupo Editorial Norma, 1996.

3. *Ibíd.*, p. 19.

surgimiento de una estrategia global cuyo propósito central fue atacar en su raíz la miseria de los pueblos, la ignorancia, la ausencia de previsión en las gestiones gubernamentales, las altas tasas de natalidad, los elevados índices de desempleo, el derroche de los recursos humanos y materiales, etc. La identificación de este atavismo social designó un cierto estado de anormalidad, entendido primeramente como "atraso", y posteriormente como *subdesarrollo*, condición que ha signado la vida de gran parte de los países del mundo durante la segunda mitad del siglo XX.

Uno de los elementos distintivos del despliegue social de la estrategia del desarrollo, fue el inicio de un proceso al interior del cual la educación en el mundo occidental conoció un conjunto de redefiniciones en el orden de su significación, objetivos y procedimientos, pasando de ser un problema específicamente nacional a constituirse en un componente esencial dentro del nuevo orden mundial. Este proceso de *mundialización* de la educación se vio materializado en la *expansión acelerada y vertiginosa* de los sistemas educativos, propiciada y estimulada por los procesos de modernización, la aparición de nuevas teorías educativas, el auge de la ciencia y la tecnología, entre otros factores.

La ampliación de los niveles de escolarización halló justificación en un discurso nutrido por los ideales democráticos y los nuevos parámetros fijados para la convivencia pacífica y la cooperación internacional; a su vez, actuó como mecanismo fundamental de acción política en cada una de las naciones en tanto necesidad social de primer orden.

"Nadie ignora que una población educada sea la base indispensable de una democracia auténtica, de la participación efectiva del pueblo en los asuntos nacionales, del desarrollo industrial y agrícola, de una mayor producción y de un mayor ingreso por habitante, y por lo tanto, del bienestar social y económico que deriva de niveles de vida superiores. Se sabe así mismo que la educación para todos a los niveles más altos posibles, así como la formación especializada en los diversos campos teóricos y prácticos de la actividad humana, son indispensables para satisfacer las necesidades crecientes y en continuo cambio de una sociedad moderna. Por otra parte, la historia de los últimos 30 años ha demostrado sin lugar a dudas que la educación y el desarrollo social y económico se relacionan entre sí en forma estrecha y dinámica, y que las condiciones que afectan a los dos elementos de la relación pueden cambiar de manera considerable en unas pocas décadas por obra de esfuerzos bien planeados que cuentan con el respaldo de la opinión pública".[4]

El proceso de *mundialización de la educación* actuó, entonces, en una doble vía: a la vez que colocaba a la educación como instrumento indispensable para obtener mayores niveles de productividad (la educación como factor de producción), instauraba aquella en el horizonte de las necesidades de la población, como factor esencial de movilidad social (la educación como artículo de consumo).

"... En primer lugar [la educación], es tanto un artículo de consumo como un factor de producción (...) Una segunda característica de la educación es que produce un margen muy elevado de ganancias indirectas (...) Un tercer rasgo

---

4. Unesco, *Situación demográfica, económica, social y educativa de América Latina*, spi., 1962, p. 7.

de la educación es la gran diversidad de sus gastos y de su rendimiento según el nivel general de educación económica y social de un país...".[5]

En este sentido, las agencias internacionales y los organismos nacionales hicieron grandes campañas cuyo blanco fundamental fue la población analfabeta o no escolarizada. La Unesco desde la década del 50 inició un conjunto de planes multinacionales que buscaron darle un profundo impulso a la educación.[6] Una de las consecuencias más importantes de este proceso fue el surgimiento de una considerable presión por parte de amplios sectores sociales que se encontraban represados y para los cuales la educación —en tanto calificación y capacitación— representaba en adelante una de las vías de movilidad social. Así pues, a partir del vínculo estrecho que se estableció entre educación y desarrollo, aquella empezó a ser concebida como una inversión que —desde el punto de vista de los organismos internacionales y gobiernos nacionales— debía fomentarse y controlarse, y desde amplios sectores de la población demandarse y defenderse como necesidad y factor de *supervivencia social*.

Sin duda esta necesidad de expansión educativa se realizó con más acento en los países del Tercer Mundo, que eran precisamente los que necesitaban elevar los niveles de escola-

---

5. Unesco, *Principios de planeamiento*, spi., 1962, p. 8.

6. En el campo de la educación, los primeros esfuerzos notables en esa dirección son el Proyecto principal sobre extensión y mejoramiento de la educación en América Latina (1957-1967); el llamado "Plan Karachi" o de desarrollo de la educación primaria en Asia (...); el Plan de desarrollo de la educación en África, esbozado por la Conferencia de Addis Abeba (mayo de 1961); y ...el Plan Decenal de Educación de la Alianza para el Progreso (1961). *Ibíd.*, p. 6.

rización como condición para su inclusión en el nuevo orden económico mundial:

> "A partir de la década del 60 los sistemas educativos en la mayoría de los países experimentaron una rápida y gigantesca expansión en la matrícula. Fueron los países subdesarrollados, pese a grandes limitaciones financieras, los que aportaron el mayor incremento a este crecimiento. Entre 1960 y 1968 el gasto público en educación casi se triplicó en los países asiáticos y se duplicó en África y América Latina, y entre 1970 y 1973 se duplicó en los países árabes... Entre 1960 y 1969 la participación de la educación en el PNB en los países en desarrollo pasó de una media de 2.3% a 4.0%, en tanto que la relación entre el gasto público en educación y los presupuestos generales del Estado aumentó significativamente".[7]

El clamor por la educación se generalizó hasta gestar todo un movimiento patrocinado y orientado especialmente por las agencias de cooperación internacional. Al efecto, la Unesco inició a mediados de la década de los años 50 una política a gran escala que buscaba cubrir la mayoría de los países subdesarrollados y cuyo propósito central fue la ampliación de los niveles de escolarización y retención de la población en edad escolar. Por otro lado, y dadas las exigencias que imponía el sostenimiento de un ritmo creciente de escolarización de la población a bajos costos, se recurrió a la utilización de medios tecnológicos que además de garantizar un amplio cubrimiento, permitieron la preparación de recursos humanos acordes a las necesidades sociales y los retos impuestos por los avances de la ciencia y la tecnología.

---

7. Gómez, Víctor Manuel; Peña, Margarita, *Problemas contemporáneos de desarrollo educativo*, Bogotá, Unesco-PNUD-Icfes, 1986, p. 1.

Este hecho llevó a la necesidad de administrar y planificar la educación con criterios similares a los de una empresa. La transformación de la educación en una de las más importantes inversiones sociales conllevó, a su vez, a una transformación en la concepción tradicional: en adelante se concibió como una empresa de rendimiento que debía cumplir con ciertos niveles de optimización y verificación de sus procesos. Los nuevos énfasis y exigencias del mundo moderno impusieron una reorientación de sus objetivos y sus procedimientos, asignándole una utilidad social y vinculándola al desarrollo en todas las actividades atinentes al orden de la producción y el bienestar de los pueblos.

## 2. Educación y desarrollo

Como hemos visto, después de la década de los años 50 el desarrollo nombra y designa la tarea fundamental de los países del mundo para reordenar la economía, pero también la vida social de los pueblos. Para el efecto se creó un conjunto de mecanismos a través de los cuales el desarrollo reordenó las actividades, propósitos y metas de los países, entrando a jugar un papel fundamental en la producción de la realidad social.

De hecho, después de la guerra, el objetivo de las naciones que se embarcaron en la tarea del *desarrollo* fue invariablemente el mismo: la creación de un tipo de sociedad equipada con los factores materiales e institucionales requeridos para alcanzar rápidamente la forma de vida creada por la civilización industrial. Este "nuevo orden" planteó la necesidad de fortalecer las relaciones entre los países industrializados —consolidados como potencias mundiales— y los países subdesarrollados.

Para llevar adelante el propósito de crear de un nuevo orden internacional se estableció durante estos años una serie de organismos especiales en todas las áreas de la actividad económica y social que buscaban el control e intervención de los países subdesarrollados por intermedio de organismos de cooperación internacional, justificados ante la faz del mundo como instituciones neutras comprometidas con el desarrollo. Tal es el caso del Fondo Monetario Internacional (FMI), del Banco Internacional de Reconstrucción y Fomento (BIRF), de la Organización de las Naciones Unidas para la Agricultura y la Alimentación (FAO), de la Organización de las Naciones Unidas para la Educación, la Ciencia y la Cultura (Unesco), de la Organización Mundial de la Salud (OMS), de la Oficina Internacional del Trabajo (OIT), creada en 1919, y asociada a las Naciones Unidas en 1946.

El principio fundamental del desarrollo tuvo que ver inicialmente con la orientación de todos los esfuerzos particulares para la creación de un conjunto de acciones en términos de crecimiento económico. Hacia los años sesenta, este principio se materializó en los requerimientos hechos a los países miembros para que "intensificaran sus esfuerzos durante el decenio con el fin de acelerar el avance hacia una situación en la que el crecimiento de la economía de las diversas naciones y su progreso social se sostuviese por sí mismo; el objetivo de estos esfuerzos era lograr en cada país en desarrollo un mínimo anual de crecimiento del 5% en el ingreso nacional global al finalizar el decenio".[8]

---

8. Unesco, *Las Naciones Unidas: orígenes, organización, actividades*, Nueva York, 1968, p. 233.

Con la invención del desarrollo la educación adquirió una nueva dimensión, articulándose estrechamente con imperativos de orden económico. Así lo señala Germán Rama cuando afirma que:

> "El pensamiento sobre la educación conoció una fractura profunda al pasar de las *orientaciones pedagogistas imperantes hasta el decenio de 1940 (...) a las llamadas orientaciones economicistas*, denominación que vinculaba la educación con la sociedad global, con los problemas del desarrollo y con algunos aspectos específicos del mismo, como la formación de recursos humanos".[9]

Ahora bien, la educación fue redefinida desde la estrategia del desarrollo, pero también desde los efectos no estimados del crecimiento progresivo y acelerado de las tasas de escolarización. Esta redefinición instaló una lógica que cubría diversos aspectos que convergían en un mismo punto: la función educativa concebida como formación del recurso humano asimilable a las leyes del capital, concepción que hizo de la educación una inversión y de los individuos, recursos. De allí que el reconocimiento de la ausencia y/o subutilización de la mano de obra calificada se haya planteado como uno de los obstáculos más fuertes para promover e impusar el desarrollo, pues como decía Thant, "este continuo despilfarro de la mano de obra —la principal riqueza potencial que poseen los países en vías de desarrollo— sólo conduce a la miseria y degradación humanas".[10]

9. Rama, Germán, *Educación, participación y estilos de desarrollo*, Buenos Aires, Kapelusz, 1985, p. 7. (Subrayado nuestro).

10. Thant, U., "Enseñanza y capacitación", en *La ciencia y la tecnología al servicio del desarrollo*, T. IV, Buenos Aires, Ed. Suramericana, 1964, p. 32.

Es en este reconocimiento donde la educación comienza a jugar un papel preponderante: el despliegue de una economía desarrollada que busca en la elevación del nivel educativo de su población —como uno de sus apoyos imprescindibles— el incremento de la productividad y el aumento de capital. Al respecto en el Documento de Referencia, distribuido en la Tercera Reunión de Ministros celebrada en 1963, se afirmaba:

> "El bajo ingreso nacional de los países subdesarrollados, a la vez que limita visiblemente el nivel de vida en el presente, en dos formas diferentes implica un futuro de pobreza: primero, porque la escasa suma de recursos que puede dedicarse a la educación y a la salud impide el crecimiento de la productividad; y el segundo, porque los escasos ahorros que pueden hacerse con un ingreso bajo no proporcionan la necesaria acumulación de capital, y así la economía se mantiene en un estado de virtual estancamiento".[11]

Del vínculo estrecho establecido entre ignorancia y subdesarrollo emerge la educación como causa y efecto de la *tragedia del subdesarrollo*: "cualquiera que haga un análisis de las causas del subdesarrollo en América Latina llega a la conclusión de que el factor principal lo constituye las deficiencias en la educación. Pero a su vez, este factor deviene consecuencia dolorosa para el subdesarrollo".[12]

Como puede verse, el subdesarrollo (como condición) aparece, o mejor, se hace visible, cuando se compara con el desarrollo como estado ideal de toda sociedad: el subdesarrollo conformado por la ignorancia, la pobreza, la miseria y la enfermedad; el desarrollo edificado sobre la educación, la productividad,

11. OEA, *Tercera Reunión Interamericana de Ministros*, Bogotá, 1963, p. 5.
12. *Ídem.*

el bienestar y la salud. A partir de ese momento, la educación entró a jugar un papel esencial inscribiéndose definitivamente en todo intento global o local de impulso al desarrollo, pues siendo una necesidad primordial también era concebida como la *base de roca firme* sobre la que debía levantarse la superestructura económica y social de los países que inician su desarrollo.[13]

## 3. Planificación, educación y desarrollo

El eje que articuló estos procesos de "modernización" y amoldamiento al nuevo orden internacional fue la *planificación general económica*. El reordenamiento institucional y la definición de las directrices de desarrollo internacional, regional y nacional generados hacia la segunda mitad del siglo XX, estuvieron supeditados básicamente al dispositivo de la *planificación*, entendido como "aplicación del método científico al tratamiento de los fenómenos naturales y sociales, siendo su finalidad aumentar el campo de la previsión humana e intervenir en el proceso de desarrollo social, acelerándolo o modificándolo".[14]

La planificación en tanto práctica distintiva de los esfuerzos por optimizar los procesos de producción e industrialización, introdujo en el escenario social una serie de conceptos y nociones referidos a la producción, la eficacia, el rendimiento, la rentabilidad, la efectividad, la racionalización, etc., enmarcando el horizonte de la definición del desarrollo dentro del

---

13. Ver Thant, U., *op. cit.*, p. 13.
14. *Ibíd.*, p. 54.

ámbito de las discusiones y los análisis de carácter productivo. Su permanente inclusión en la elaboración de los planes, proyectos y propuestas nacionales e internacionales, estatales o privadas, vinculó de una forma cada vez más precisa la necesidad de la planificación con todo empeño de desarrollo.

Con la introducción de la planificación al ámbito educativo se intentó definir, consolidar y acelerar los procesos que condujeran hacia esa nueva meta instaurada como horizonte para los países "subdesarrollados", teniendo en cuenta la mejor utilización y aprovechamiento del conjunto de recursos disponibles por cada nación, readecuándolos, reorientándolos y apoyándolos con ayuda internacional como garantía para el cumplimiento de los nuevos fines sociales propuestos. La utilización y aplicación de ciertas normas, principios metodológicos y procedimientos técnicos provenientes de investigaciones calificadas como "científicas", comienzan a difundirse en las diversas actividades sociales. Aparecen así discursos menores que hablan de la planificación en las empresas, en la industria, en el ejército, en la educación, en la familia y hasta en la misma vida individual. La planificación, como instrumento que busca racionalizar los esfuerzos organizativos y operativos de múltiples instituciones y prácticas y garantizar la eficacia de tales esfuerzos, logró un sitio privilegiado dentro del discurso del desarrollo, adquiriendo así valor de problema y solución en el seno de una sociedad que se enfrenta al reto del desarrollo.

Unido a los procesos de implantación de la planificación general económica como eje articulador de la sociedad de la posguerra, el sistema económico redefinió sus relaciones con los otros sistemas pero muy especialmente con el sistema educativo. La educación se constituyó en un campo de vital importancia dentro de los programas de desarrollo nacional e internacional. Del ideal surgido de los Estados nacionales en el siglo XIX, que buscaba la formación del ciudadano y su participación activa en la vida política de la nación dentro de un gran proyecto de civilidad, presenciamos ahora un cambio en la óptica, que si bien no excluye la noción de ciudadano, la desplaza, colocando como fin social de la educación la formación del hombre como individuo productivo, es decir, como pieza fundamental en el engranaje económico y las relaciones de consumo. Bajo el supuesto de que el rendimiento individual en cualquier clase de trabajo o actividad mejora de acuerdo con el nivel de instrucción, la estrategia del desarrollo, materializada en políticas de Estado y convenios interinstitucionales, buscó por todos los medios garantizar mínimamente el nivel de escolaridad primaria y capacitación o promoción profesional de determinados sectores de la población.

Este proceso implicó la sujeción de lo educativo a las nuevas exigencias de carácter económico. Frente a la utopía de una educación ilustrada, humanista, religiosa y/o liberal de siglos anteriores, se instauró otra cuyo eje fue la instrucción, capacitación o adiestramiento general de la población para la producción. La educación adquirió así unos objetivos claramente económicos.

La necesidad de una revolución educativa pero planificada se hizo urgente en los países poco desarrollados. Ello fue posible dada la relevancia que adquirió la educación como sector clave para la inversión estatal y privada. Dentro de esta perspectiva, los análisis sobre este tópico, formulados en los distintos foros internacionales, ponían ya en evidencia la necesidad de consolidar una estrategia multinacional de cooperación para la iniciación de procesos de transformación hacia el mejoramiento cualitativo y cuantitativo de la educación.

La lucha por la racionalización de los recursos y la inversión, planteada desde la estrategia del desarrollo a los llamados países subdesarrollados, puso en funcionamiento dos grandes mecanismos: la profesionalización y los procesos de institucionalización.[15]

En cuanto al primer mecanismo, los avances científicos en todos los órdenes ofrecieron nuevas alternativas teóricas y prácticas de formación de recursos humanos desde modelos económicos y sociológicos, técnicas de planificación, técnicas agrícolas, etc., especialmente adecuadas a la explicación, descripción, caracterización y posible solución de los factores objetivos del subdesarrollo, dando inicio a un proceso intensivo de "transferencia a América Latina de formas y modelos de ciencia y conocimientos desarrollados especialmente en Estados Unidos".[16]

En lo que respecta al segundo mecanismo —los procesos de institucionalización— fue necesario poner en marcha una red institucional para la adecuación y difusión de los conocimientos y tecnologías transferidas. Esta red incluyó organizaciones internacionales y bilaterales de ayuda, universidades y fundaciones norteamericanas, universidades e instituciones de investigación y tecnología en el Tercer Mundo, y los gobiernos de nuestros países.[17]

---

15. Ver Escobar V., Arturo, *op. cit.*, pp. 20-27.
16. *Ibíd.*, p. 21.
17. *Ibíd.*, p. 23.

## 4. El planeamiento integral de la educación

*"El planeamiento educativo, para ser integral, ha de concebir la educación como una totalidad orgánica. Debe, por lo tanto, comprender y articular en su proceso todos los niveles y modalidades de la enseñanza. Su propósito ha de ser la estructuración y el perfeccionamiento global del sistema educativo, y no solamente la revisión y el reajuste de uno o varios de sus aspectos parciales. La estructuración del sistema educativo supone la articulación de los diferentes factores del planeamiento integral: cualitativos y cuantitativos, administrativos y financieros".*

Gabriel Betancourt Mejía (1959)[18]

El planeamiento integral de la educación fue el mecanismo seleccionado por la Carta de Punta del Este (1961) para lograr las metas del desarrollo en América Latina. Aquél se encontraba inscrito dentro de las *concepciones prácticas de planeamiento social* encaminadas "a disciplinar en mayor o menor grado las fuerzas económicas".[19] Desde mediados de la década de los años 50[20] el planeamiento integral fue utilizado en la or-

---

18. Betancourt Mejía, Gabriel ... [*et al.*]. *Planeamiento integral de la educación*, Bogotá, Imprenta Nacional, 1959, p. 89.

19. Unesco, *op. cit.*, p. 6.

20. "En América Latina, la idea de planeamiento integral de la educación se plantea y recomienda por primera vez en la Segunda Reunión Interamericana de Ministros de Educación celebrada en Lima en mayo de 1956...", *ibíd.*, p. 10. La experiencia de Colombia en este sentido es interesante: la creación de la Oficina de Planeación del Ministerio de Educación como la elaboración del Primer Plan Quinquenal de Educación (publicado en 1957) siguen las directrices del planeamiento integral. Durante la Asamblea General de la Unesco reunida en Nueva Delhi (India), en noviembre de 1956, Guillermo Nanneti expresó su deseo de que el Seminario sobre Planeamiento Integral de la Educación proyectado por la OEA tuviese como sitio de reunión a Colombia. Las razones que esgrimía Nanneti se apoyaban en los cuidadosos estudios sobre el planeamiento

ganización de la educación y la enseñanza como mecanismo para "prever los obstáculos que se puedan presentar para el desarrollo educativo y estudiar con anticipación las mejores soluciones para vencerlos".[21] Esta forma de prever se dirigió en primera instancia a la eliminación de aquellas inversiones que no se hacían con un fin educativo, como también a evitar la duplicación de esfuerzos. "El planeamiento integral de la educación es el sistema que organiza y coordina las técnicas investigativas, estadísticas, pedagógicas, administrativas y financieras...".[22]

De allí la importancia concedida a la evaluación constante, ella es como "la toma de pulso" que permite replanteamientos en los procesos de aplicación.[23] Ella es un elemento esencial, "pues sólo aplicándola periódicamente es posible determinar si el plan está ejecutado debidamente y, en caso contrario, investigar las causas respectivas para remediarlas. La revisión y la evaluación hacen que el planeamiento integral no sea estático sino dinámico".[24]

de la educación que se venían realizando en el país y que bien podrían considerarse "como modelo digno de estudio y de consideración por otros países de América". El Tercer Congreso Iberoamericano de Educación reunido en octubre de 1957, recomendó en el Acuerdo Primero que como preparación al Seminario Interamericano sobre Planeamiento Integral de la Educación, los países miembros estudiasen el Proyecto del Primer Plan Quinquenal de Educación que había elaborado Colombia".

21. *Ibíd.*, p. 26

22. *Ibíd.*, p. 23.

23. Ver Anzola Gómez, Gabriel, "Notas auxiliares para el curso sobre Introducción al planeamiento integral de la educación", en *Curso de Inspectores Nacionales de Educación*, Bogotá, Escuela de Administración Pública, 1962, p. 27.

24. Betancourt Mejía, Gabriel, *op. cit.*, p. 32.

La potencia del planeamiento integral se encontraba en su función: prever, racionalizar, ajustar, controlar. El planeamiento integral obedecía a un proceso sistemático y siendo integral actuaba como sistema. La definición que data de 1956 lo afirma así:

"El planeamiento integral de la educación es un proceso continuo y sistemático en el cual se aplican y coordinan los métodos de la investigación social, los principios y las técnicas de la educación, de la administración, de la economía y de las finanzas, con la participación y el apoyo de la opinión pública, tanto en el campo de las actividades estatales como privadas, a fin de garantizar educación adecuada a la población, con metas y en etapas bien determinadas, facilitando a cada individuo la realización de sus potencialidades y su contribución más eficaz al desarrollo social, cultural y económico del país".[25]

En esta perspectiva, el planeamiento tenía la misión de organizar y coordinar las diferentes técnicas que se podían utilizar en la solución de los problemas de la educación, planteándose como una solución técnica a los problemas educativos de su tiempo. Su formulación no implicaba aplicación simultánea.[26]

Su concepción integral le permitió una movilidad tanto horizontal (vinculando los sectores público y privado, por ejemplo) como vertical (estableciendo un esquema jerárquico en los diferentes niveles de la educación); sus dos objetivos principales: apoyar el proceso de desarrollo del país y "con-

---

25. *Ibíd.*, p. 48.

26. Una de las conclusiones que recoge Anzola Gómez de su experiencia en la aplicación del planeamiento integral es la de que es "necesario parcelar la ejecución". Anzola Gómez, Gabriel, *op. cit.*, p. 34.

vertir el factor humano de una nación en sujeto dinámico de su desarrollo".[27] Desde esta perspectiva, todos los componentes del sistema estaban integrados:

> "El planeamiento integral de la educación como su designación lo indica tiende a establecer la coordinación y continuidad entre los distintos niveles del sistema. El sentido vertical comprende de preescolar a primario y de este a medio y superior. El sentido horizontal reclama la atención a las modalidades de un mismo nivel, por ejemplo en la educación media: secundaria, comercio, industrias, agricultura, administración pública, etc. La articulación significa que existan oportunidades de paso de un nivel a otro y que, en determinadas condiciones se pueda pasar de un sector a otro, por cambio de profesión u oficio... [Se trata de] coordinar la función técnica con la administración y el financiamiento. Los tres aspectos constituyen la esencia del programa".[28]

Pero alcanzar los objetivos y las finalidades del planeamiento exigía una serie de condiciones. La presentación pormenorizada de estas condiciones se encuentran consignadas en diez puntos de un documento preparado por Gabriel Anzola Gómez para un Curso de Inspectores Nacionales realizado en el año de 1962:

> "1. Un método científico en la investigación inicial de la realidad ... [la cual debe] conocerse por medios objetivos mediante los métodos de la investigación estadística.
>
> 2. La objetividad en la apreciación de las necesidades significa que los datos sean precisos [y] cuantificados...
>
> 3. Conocidas las necesidades... necesitamos saber [su] costo...

27. Betancourt Mejía, Gabriel, *op. cit.*, p. 23.
28. Anzola Gómez, Gabriel, *op. cit.*, p. 17.

4. En una planeación intervienen factores del más diverso orden, tradición y necesidad de cambios, costumbres y técnicas nuevas.

5. Planeamiento significa, en cierto sentido, un esfuerzo sostenido, continuado de acción. Una vez iniciado el plan debe asegurarse que se cuenta con recursos humanos y financieros suficientes...

6. La educación es un proceso continuo, como lo es la vida del hombre. El alumno debe contar con las oportunidades suficientes para poder progresar constantemente ... Debe existir una justa proporción en cada nivel para permitir la diversificación y el cambio de carrera.

7. El carácter o condición esencial de la planificación es la constante oportunidad de evaluación...

8. El planeamiento no significa un sistema rígido. Su carácter es la flexibilidad...

9. Una nueva condición es la del trabajo en equipo... economistas, sociólogos, educadores y estadísticos. Cada uno de estos especialistas resuelve un aspecto del problema general.

10. Finalmente, la planeación, en cuanto a operación, es trabajo de especialistas. Más en cuanto la responsabilidad, afecta a la comunidad entera. De aquí que, deba contarse con la discusión amplia de una opinión ilustrada o simplemente bien informada. Diríase que se trata de una empresa nacional".[29]

Por último, es importante señalar el optimismo reinante durante la época sobre las posibilidades que abría el planeamiento integral de la educación: en primer término, la promoción social de la población, traducida en los beneficios del desarrollo y en su participación y afirmación ciudadana. Se decía entonces que lo que estaba de por medio era el fortalecimiento de la unidad nacional y el desarrollo general del país. Lo segundo, la justificación de un plan mínimo de enseñanza que permitiera el acceso a los "beneficios de la educación" a grupos hasta entonces marginados, como las comunidades

---

29. *Ibíd.*, p. 18.

rurales. Con ello se buscaba capacitar para el desempeño de los deberes y el disfrute de los derechos.

Pero no hay que olvidar, como dirá Betancourt Mejía, que "el planeamiento integral no es una oportunidad para soñar, sino un camino para recorrer con método distancias bien calculadas en períodos determinados de tiempo".[30]

Como se puede apreciar, si bien la estrategia del desarrollo actúa a nivel mundial, ella opera de una forma particular a nivel regional. A este nivel dispone de mecanismos de concertación y consulta en donde se busca articular el nivel político de las decisiones con el nivel técnico de las ejecuciones, cuya materialización se concreta en la elaboración de un plan de acción conjunta. La forma particular como la mundialización de la educación se presentó en Latinoamérica se puede apreciar en el proceso de generalización de la educación primaria gratuita y obligatoria generado hacia finales de la década de los años cuarenta en los países subdesarrollados, proceso que tuvo su despliegue definitivo hacia la década de los años cincuenta.[31]

---

30. Betancourt Mejía, Gabriel, *op. cit.*, p. 27.

31. El primer hecho que, para el caso latinoamericano, da cuenta de este novedoso acontecimiento, es la realización de un primer Seminario Regional de Educación que bajo el mecanismo de la cooperación técnica internacional, y con el apoyo de la Unesco y la OEA, se realizó en 1948 en Caracas. Una de las principales conclusiones de las deliberaciones allí desarrolladas tiene que ver con la necesidad de intensificación y extensión de la educación primaria. Un año después, se llevó a cabo en Río de Janeiro el Seminario de Alfabetización y Educación de Adultos, en donde se discutió la propuesta de un plan de "escuela fundamental", para cuyo estudio se recomendó la realización de un seminario de educación primaria (Montevideo, 1950). Durante 1956 se realizó en Lima la Conferencia Regional sobre Educación Gratuita y Obligatoria para América Latina, la II Reunión Interamericana de Ministros de Educación y el Seminario de Planes y Programas de Estudio de Educación Primaria en América Latina.

Por otra parte se encuentra la utilización del planeamiento integral como núcleo del primer proyecto multinacional de educación para América Latina (1957-1967), el cual representa uno de los elementos claves para dar cuenta de los nuevos rumbos que toma la educación durante estos años.

En efecto, el Proyecto Principal de Educación para América Latina y el Caribe, organizado y auspiciado por la Unesco desde 1956, se constituyó en el punto de referencia fundamental para la definición de las políticas nacionales de los países de la región, en tanto que allí se fijaron las directrices generales y los objetivos prioritarios a realizar. Los países, con base en sus posibilidades, adecuaron el plan de operaciones teniendo en cuenta su estructura administrativa, económica y política.[32]

De allí que cualquier análisis de la educación en Colombia durante las últimas cuatro décadas tenga que partir del reconocimiento de las estrategias y directrices acordadas por el Proyecto Principal de la Unesco, y las consecuentes proclamaciones generadas en las reuniones internacionales, en la perspectiva del año 2000.[33]

---

32. La formulación sobre el Proyecto Principal sobre Extensión y Mejoramiento de la Educación Primaria para América Latina y el Caribe de la Unesco (1957-1967), cuya realización fue aprobada en la IX sesión de la Conferencia General de las Naciones Unidas, se basó en un estudio realizado en 1955 para determinar la "situación educativa en América Latina". Los objetivos más generales del Proyecto Principal fueron los siguientes: planeamiento sistemático de la educación; expansión de la educación primaria; revisión de los planes y programas de estudio; mejoramiento de los sistemas de formación y perfeccionamiento del magisterio; y preparación, en cada país, de un núcleo de dirigentes especialistas en la educación.

33. La materialización de estos postulados se recoge y precisa en la justificación, los objetivos y el plan de acción del Proyecto Principal de Educación.

A manera de síntesis, las tendencias de la educación en América Latina y en el mundo desde la década de los años cincuenta presentan las siguientes características:

1. A partir de la década de los años cincuenta, y ligada al nuevo orden internacional planteado por la estrategia del desarrollo, la educación inicia un proceso de redefinición cuya característica más importante es su articulación estrecha con los requerimientos de orden económico. Antes que un problema político y cultural, la educación es pensada como un problema eminentemente técnico. Esta redefinición implicó una transformación en los propósitos sociales de la educación, reorientando su función hacia la formación del recurso humano y los procesos de capacitación, calificación e instrucción.

2. El reconocimiento de la población como recurso humano y como factor esencial del desarrollo —a partir de los postulados y principios de la teoría del capital humano— puso de presente la necesidad e importancia de la inversión en educación, al punto de percibirse una significativa expansión del gasto público en educación durante las décadas de los años 60 y 70. Para que la inversión fuese rentable se hizo indispensable concebir y administrar la educación en los mismos términos de una empresa: insumos, productos; aumento de la productividad, disminución de los costos, control de calidad; eficiencia interna y rendimiento externo.

3. Uno de los elementos distintivos de este fenómeno, que hemos denominado mundialización de la educación, se encuentra en la expansión acelerada y vertiginosa de los sistemas educativos. Por su marcado énfasis en problemas de orden cuantitativo como la ampliación de los índices de cobertura y escolarización, tasas de deserción y repitencia, análisis

costo-beneficio, etc., este fenómeno constituyó un proceso de masificación de la educación.

4. La definición de las políticas educativas dejó de ser un problema específicamente nacional y en adelante los rumbos y las directrices fueron trazados desde instancias de cooperación internacional como la Unesco y la OEA. A pesar de la heterogeneidad de situaciones nacionales, el discurso educativo y las estrategias diseñadas han sido significativamente homogéneos.

## 5. El discurso del desarrollo y el inicio de la reforma de la educación en Colombia

Al igual que en la mayoría de los países denominados subdesarrollados o en vías de desarrollo, la educación colombiana inició un proceso de transformación radical durante la segunda mitad del siglo XX. De un modelo cuyo propósito más general fue la *higienización* y la *restauración fisiológica de la población* con miras al logro del "progreso nacional", se pasó progresivamente y en un proceso desigual de apropiación y transformación institucional a un modelo bien diferente cuyo propósito más general fue la *escolarización* y *curricularización* masiva de la población en la perspectiva de lograr las metas planteadas por la nueva estrategia del desarrollo.

Es importante señalar que el inicio de la transformación radical de la educación, iniciada en Colombia hacia finales de los años 40 no constituyó, en sus comienzos, una estrategia claramente delimitada y planificada. No se realizó a partir de una única vía, no tuvo en el Estado su impulso primero, e incluso no apuntó a la escuela como su blanco privilegiado.

Provino de prácticas marginales que tuvieron lugar fuera de la escuela y que en principio se dirigieron a dos sectores de la población claramente diferenciados: los marginados sociales (principalmente campesinos y pobladores urbanos de sectores populares) y la fuerza de trabajo media. En el primer caso, se trató de integrar a esa población marginada a la obra del desarrollo, y en el segundo, de calificar la fuerza laboral (recurso humano fundamental del desarrollo) en la perspectiva de aumentar la productividad general y obtener un crecimiento económico autosostenido, primera forma de existencia del desarrollo.

La transformación radical que comenzó a experimentar la educación colombiana a finales de los años 40 fue posible gracias a dos tipos de acontecimientos: en primer lugar, la puesta en marcha del desarrollo como estrategia política; en segundo lugar, pero no menos importante, por la introducción en el campo educativo nacional de lo que se conoce como el *campo del currículo*, presente ya en la educación norteamericana desde la primera década del siglo XX.

La transformación de la educación y la enseñanza en Colombia durante la segunda mitad del siglo XX se inició en espacios externos a la escuela, con un conjunto de experiencias en cuyo eje se encontraba la utilización de elementos tecnológicos en la educación de amplios sectores de la población. Las tres experiencias más significativas fueron: Acción Cultural Popular (ACPO) y su proyecto de "escuelas radiofónicas", el Servicio Nacional de Aprendizaje (SENA) y su "modelo técnico-pedagógico", y el Fondo de Capacitación Popular (FCP) de Inravisión con sus "telecentros". Sin embargo, paralelo al surgimiento y consolidación de tales experiencias se cumple un proceso de adecuación estructural para enfrentar los requirimientos del desarrollo y el inicio de la reforma de la educación en Colombia.

## Plan Quinquenal de Educación

Hacia 1949 Colombia conoció por primera vez el nuevo enfoque educativo a través del diagnóstico elaborado por una misión extranjera, la Misión Currie, apoyada en los avances científicos de la planificación e inscrita dentro de los nuevos parámetros trazados desde el discurso del desarrollo. Durante la década de los años 50, el espacio político y económico de Colombia se vio inundado de propuestas, diagnósticos y análisis de factibilidad orientados a la adecuación de su estructura nacional a las exigencias y condiciones del desarrollo mundial. Bajo la dirección de una nueva institución, la Oficina de Planeación (creada en 1950), el Estado centró su mirada en el campo educativo. En este proceso, los organismos de cooperación internacional jugaron un papel preponderante, gracias a las posibilidades de concertación, cooperación y financiación que brindaba especialmente la Unesco, entre otros. La búsqueda de un gran acuerdo mundial ratificó por esta época que "...la enseñanza, en su más amplio sentido, es la necesidad primordial del decenio".[34]

Paralelo a los procesos generados entre 1959 y 1960 en Asia, mediante el "Plan Karachi"; en 1960 y 1961 en África mediante el "Plan Addis Abeba", elaborados con el objeto de lograr la educación primaria general para 1980, ya desde 1956 se venía

---

34. La campaña universal y polifacética emprendida en 1961 por las Naciones Unidas se denominará "Decenio del Desarrollo".

aplicando en América Latina el "Proyecto principal de la Unesco" para fomentar y perfeccionar la educación primaria en los países de la región. En 1961 y 1962 estos objetivos regionales se ampliarán sustancialmente en las sesiones realizadas por el Consejo Económico y Social Interamericano. El gobierno de Colombia, a través del Ministerio de Educación, adoptó los objetivos y estrategias globales para el sector de la educación planteados al conjunto de Estados latinoamericanos.

Si con la Misión Currie (1949) se inauguró la entrada de Colombia a la estrategia mundial del desarrollo y se planteó por primera vez la necesidad de que la educación se articulara directamente con el desarrollo económico, a partir de la Misión Lebret (1956) la vinculación entre educación y desarrollo se convirtió en un hecho, a la vez que se introdujo la planificación en el nivel de la enseñanza formal. Como resultado de las conclusiones planteadas por esta misión, la Oficina de Planeación del Ministerio de Educación elaboró en 1957 el Primer Plan Quinquenal de Educación. A través de este plan se sentaron las bases para —como decía Ricardo Díaz Hochleitner— "la aplicación de las técnicas de la planificación económica a un campo tan complejo y delicado cual es el de la educación, inaugurando así una nueva época, en donde la educación se desarrolla y perfecciona armónicamente gracias a un orden racional y a una dirección coordinada".[35]

En esta dirección, la preocupación central del Primer Plan Quinquenal de Educación, en relación con la educación primaria, fue el *absentismo escolar*. Según los datos disponibles

---

35. Díaz Hochleitner, Ricardo, "Informe del proyecto para el Primer Plan Quinquenal de Educación", Bogotá, Oficina de Planeación del MEN, 1957, p. 5 (mimeo).

para el año de 1954, "más de la mitad de la población escolar colombiana no asiste a la escuela y cada año las cifras de analfabetos reciben un considerable refuerzo".[36] Sin embargo, en términos de la eficacia real, es decir, en términos del rendimiento cuantitativo de la asistencia, del 45.5% de inscritos en las escuelas, solamente se beneficiaba de un modo normal el 39.4% de aquéllos. Teniendo en cuenta que la cifra de inscritos correspondía a aquellos matriculados en un curso, tales datos son insuficientes para dar cuenta de la real magnitud del problema. Si se considera el número de niños que terminaban la escolaridad, tendremos que "solamente se beneficia de una educación primaria completa el 8%, aproximadamente, de la población escolar".[37]

A este estado de cosas se sumaba un hecho particularmente grave, al decir de los planificadores: la existencia en Colombia de tres sistemas distintos de educación primaria, si se tiene en cuenta que, mediante Decreto 3468 de 1950, la instrucción primaria había sido dividida en tres niveles:

— Escuela rural alternada de dos años de estudios.

— Escuela rural de un solo sexo, de cuatro años de estudio.

— Escuela urbana de cinco años de estudio.

Ante esta situación, "casi única en el mundo", las nuevas técnicas de planificación plantearon una doble alternativa: ampliación y unificación del período de escolarización y como

---

36. MEN-Oficina de Planeamiento, "Informe para el Proyecto del Primer Plan Quinquenal de Educación" (1956), en Betancourt Mejía, Gabriel, *Documentos para la historia del planeamiento integral de la educación*, Vol. I, Bogotá, UPN, 1984, p. 108.

37. *Ibíd.*, p. 109.

consecuencia del anterior, unificación del plan y programa de estudios. Teniendo en cuenta que la finalidad de la educación primaria era dotar de una formación general humana que involucrara por lo menos tres aspectos generales (conocimientos básicos indispensables para la vida; consciencia de las normas éticas; capacidad para asumir obligaciones y responsabilidades sociales), concluían los planificadores que "los años de escolaridad que cursan los niños colombianos son insuficientes para adquirir el nivel de educación mínima, exigible para una incorporación fecunda a la vida social".[38] Así, pues, se planteó una serie de principios que sirvieron de justificación para la ampliación y unificación del ciclo escolar:

a) El desarrollo de una educación primaria completa exige una escolaridad larga.

b) La escolaridad breve está en contraposición con los más elementales principios psicológicos y pedagógicos.

c) La escolaridad corta impide no sólo la existencia de un nivel cultural bueno, sino incluso el desenvolvimiento económico próspero de la sociedad.

d) La duración diferente de la escolaridad obligatoria en un país entraña una concepción evidentemente injusta y anti-democrática.

e) La duración de nuestra escolaridad en relación con otros países del mundo es absolutamente deficitaria.

Teniendo en cuenta que el Primer Plan Quinquenal de Educación constituyó la primera experiencia de planificación de la educación colombiana, podemos afirmar que allí tuvo lugar

---

38. *Ibíd.*, p. 112.

la emergencia de un nuevo acontecimiento: el primer intento de racionalización formal y sustantiva de la educación, lo cual trajo consigo el inicio de una transformación importante en la concepción de la educación.

Aunque no pueda afirmarse un cambio total en la mentalidad y en las formas de visualizar la problemática educativa del país, lo cierto es que en ese momento la planificación se afirmó socialmente, hasta sustentar el conjunto de las acciones de gobierno emprendidas en este campo que comparten la visión de la educación como un factor de desarrollo económico y social, como una inversión —si no la más rentable—, un factor que permite la movilidad social, una empresa que como tal tenía que ser analizada en términos de la eficiencia externa y en rendimiento interno, etc. Nada tenía que ver esta educación con aquella que veían y de la que hablaban los hombres de las primeras décadas del siglo. Evidentemente se trata de otra cosa.

Pero volvamos al Primer Plan Quinquenal para intentar mostrar la lógica de este proceso. El punto inicial esbozado era *la necesidad de escolarización general de la población*. Ahora bien, esta escolarización debía ser larga (el Plan planteaba que por lo menos debía durar seis años) y además, ser igual para toda la población, de tal forma que la diferenciación hasta entonces existente de tres niveles de educación primaria, pudiese suprimirse. Pero el problema no llegó hasta allí. Los principios c) y d) planteados para justificar la extensión del ciclo escolar, nos ofrecen un conjunto de elementos bastante significativos para comprender el alcance de las transformaciones que se operaron en la educación y la enseñanza.

## Educación, planificación y democracia: hacia la unificación de planes y programas de estudio

Lo que se encuentra esbozado en las justificaciones del Primer Plan Quinquenal es la estrecha vinculación entre educación y democracia. Este vínculo, si bien no era una novedad en sí mismo, pues es posible encontrar este nexo en el discurso sobre la educación de la primera mitad del siglo, tuvo unos puntos de referencia radicalmente distintos. Un acercamiento a las particularidades que asumió esta vinculación estrecha se encuentra esbozado en las siguientes proposiciones:

— La estrategia del desarrollo, al plantear un equilibrio entre lo económico y lo social, impuso como criterio de bienestar social la noción de *nivel de vida,* y esta se entendió básicamente desde parámetros económicos, en tanto posibilidad de adquisición de bienes y servicios. Así, el desarrollo al buscar un aumento, una elevación del nivel de vida de la población en general, se vinculó estrechamente a la idea de democratización de la sociedad. Las sociedades subdesarrolladas padecían graves problemas de desigualdad en las posibilidades de disfrute de bienes y servicios. Mientras unas minorías privilegiadas podían adquirirlos fácilmente, y aun con grados evidentes de derroche, la gran mayoría de la población carecía de los servicios básicos. Este hecho puso en evidencia la desigualdad social y el desarrollo se instauró como el modelo de igualdad, de equilibrio, de democracia social.

— La estrategia del desarrollo, al colocar a la educación como la "base de roca firme" sobre la cual debía levantarse, ligó directamente la educación con el problema de la democratización social. Pedro Gómez Valderrama, al inaugurar las sesiones de la Tercera Reunión Interamericana de Ministros de Educación, decía:

> "... la relación entre la educación y el desarrollo, su integración indispensable, no son meramente un problema de encauzamiento de recursos humanos a un fin económico sino ante todo, la adecuación de ese fin económico, a la dignificación del hombre. La educación, como parte del desarrollo, asegura la finalidad democrática. Si bien dentro de la unidad del proceso del desarrollo se pueden conceder distintas prioridades, la prioridad educativa establece el camino para que el progreso contribuya a la igualdad social".[39]

Este proceso de "sobredimensionalización" de la educación, distintivo de las décadas de los años 50 y del 60, llevó a plantear la diferencia fundamental entre países desarrollados y países subdesarrollados como una diferencia de niveles educativos. Gabriel Betancourt Mejía, en 1959, decía: "No es exagerado afirmar que la diferencia más notable entre los países desarrollados y subdesarrollados es que en los primeros su población tiene acceso a la educación y en los segundos un alto porcentaje de ella ni siquiera tiene acceso a la enseñanza primaria y fundamental".[40] De esta forma, educar era democratizar. Pero, ¿qué era "democratizar"? Reducir las diferencias, zanjar las desigualdades, igualar las posibilidades económicas, sociales, culturales, individuales, morales. Y ello sólo era posible por medio de la generalización de la educación, pues la educación era la puerta hacia la

---

39. Gómez Valderrama, Pedro, "Discurso inaugural Tercera Reunión Interamericana de Ministros de Educación", T. I, Bogotá, 1963, p. 2, Doc. No. 19 (mimeo).

40. Betancourt Mejía, Gabriel, *op. cit.*, p. 21.

multiplicidad de oportunidades que ofrecía la sociedad moderna. "El planeamiento al buscar racionalmente la extensión de la educación a todos los habitantes, fortalece los vínculos de unidad y preserva al país de las tensiones que nacen de la desigualdad de oportunidades educativas".[41] Democratizar era entonces educar; fórmula bidireccional:

educar ⟶ democratizar, democratizar ⟶ educar.

Pero aún más: fórmula triangular:

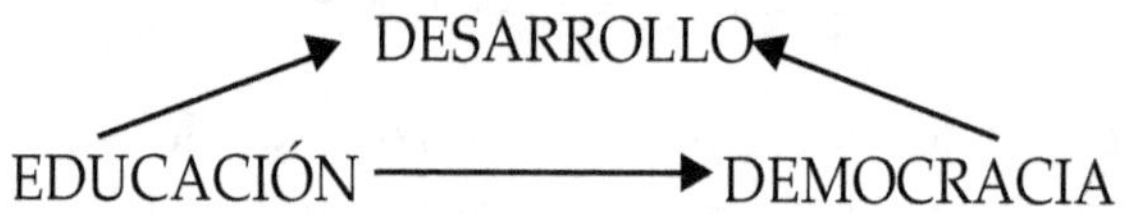


En este punto es posible reconocer un hecho particularmente importante sobre el cual vale la pena detenernos. Si la democratización fue en últimas democratización de la educación, y si aquella fue entendida en términos de "igualdad de oportunidades", entonces *democratizar es a la vez uniformar*, porque antes que igualar las oportunidades educativas, se insiste en la uniformidad del ciclo escolar (seis años) y en la unificación de un *plan de estudios y programas* para toda la población, fuese esta rural o urbana. Si hasta entonces se había considerado necesaria una diferenciación entre campo y ciudad —hecho que obedecía sin duda a la distribución de la población colombiana— la estrategia del desarrollo implicó un acrecentamiento de la *urbanización* de la población, valga

---

41. *Ibíd.*, p. 23.

decir, urbanización de hábitos y formas de pensar. Como lo exponía el Primer Plan Quinquenal:

> "En los países de estructuras económico-social desarrollada, la tradicional y profunda diferenciación entre medio urbano y rural va extinguiéndose paulatinamente, porque ambos están sometidos a análogas influencias y ambos se benefician de los instrumentos del progreso. Hoy llegan a todas partes el cine, la radio, la prensa, los caminos; es frecuente e intenso el intercambio de personas, el contacto de grupos humanos diferentes. Todo ello está creando una mentalidad nueva que tiende a unir a la gente, fenómeno, por otra parte, que estimamos de beneficiosas consecuencias".[42]

El modelo del desarrollo era la sociedad urbana, en tanto que las sociedades rurales eran consideradas como atrasadas o subdesarrolladas. De ahí que el camino hacia el desarrollo implicó una necesaria urbanización de la población. En este punto cabe señalar la desaparición en el MEN de la División de Educación Campesina y el impulso a la "integración nacional", uno de cuyos mecanismos fueron las escuelas comunales autónomas y posteriormente las concentraciones de desarrollo rural. Las primeras obedecieron a un proyecto esbozado por el mismo Abel Naranjo Villegas en 1959, en cuya base estaba la idea de constituir los núcleos urbanos como centros de concentración, de atracción de la población para su "escolarización". Al respecto decía el ministro:

> "Se encontró que en el país ha surgido una nueva realidad socioe-conómica en torno a las urbanizaciones, que agrupan elementos de relativa homogeneidad social, económica y cultural, constituyendo núcleos que podrían servir de base para un experimento de finan-

---

42. MEN-Oficina de Planeamiento, *op. cit.*, p. 149.

> ciación y administración escolar que, de prosperar, puede tener amplias proyecciones al extenderse a otras formas de organización comunal urbana y rural".[43]

La unificación de planes y programas de estudio nos remite nuevamente a la noción de educación fundamental, pues "el que todos los individuos tengan derecho a las mismas posibilidades en materia de instrucción y de estudios es un postulado profundamente cristiano y democrático que demanda como condición previa una formación básica del mismo contenido y extensión".[44]

Como lo hemos expuesto anteriormente, la noción de educación fundamental tuvo (y tiene aún) como propósito principal dotar a la población de un conjunto *mínimo* de herramientas prácticas y teóricas como base para afrontar los nuevos requerimientos de una sociedad en vía de desarrollo, como la infraestructura elemental, los cimientos básicos para enfrentar la vida social a la luz de las recientes transformaciones. En este sentido, fue (y es) uniformidad, normalización de la población. Pero habría otro aspecto importante en el análisis del proceso de curricularización: la escolarización, la democratización y la instrucción apuntan a un propósito común: la reducción y en últimas, la supresión de la *marginalidad*. La Conferencia de Ministros de Educación y Ministros Encargados del Planeamiento Económico en los países de América Latina, realizada en 1966 en Buenos Aires, planteaba este propósito de manera explícita: "la formación general ha de tender a que el individuo

---

43. Naranjo Villegas, Abel, *Memoria del ministro de Educación al Congreso de 1959*, Bogotá, Imp. Nacional, 1959, p. 175.
44. MEN-Oficina de Planificación, *op. cit.*, p. 117.

adquiera un cierto nivel de educación, sin el cual llevará una vida marginal en la sociedad, y el conjunto de cualidades que caracterizan a la persona madura".

Así, la introducción de la planificación de la educación en su primer momento implicó para el país:

1. El inicio de un proceso intensivo y extensivo de escolarización de la población.

2. Un énfasis en la "democratización" social, entendida como igualdad de oportunidades educativas, pero también como homogeneización de diversos sectores de la población.

3. Una voluntad de vincular a la totalidad de la población a la obra del desarrollo, acentuando la mirada sobre los sectores que se encontraban al "margen" del desarrollo, para hacerlos funcionales por medio de la educación.

4. La definición de planes y programas de estudio unificados, como ejes sobre los cuales giraron los procesos educativos y las prácticas pedagógicas.

5. El fortalecimiento de la educación fundamental como el mínimo de herramientas prácticas y conceptuales para afrontar el "camino hacia el desarrollo".

# CAPÍTULO III

# TECNOLOGÍA INSTRUCCIONAL Y TECNOLOGÍA EDUCATIVA EN COLOMBIA

# 3. Tecnología instruccional y tecnología educativa en Colombia

Teniendo como referencia las críticas a la "educación formal" realizadas durante la década de los años sesenta y el análisis cuidadoso de Coombs sobre los sistemas escolares, se abrieron paso diferentes alternativas para enfrentar lo que en su momento se designó como la *crisis mundial de la educación*.[1] Las opciones contempladas para enfrentarla tuvieron un común denominador: la transferencia y difusión de componentes y procesos tecnológicos al campo educativo, como factor determinante para salir de la encrucijada. Colombia no fue ajena a esta tendencia mundial. Por ello, desde los primeros años de la década de los

---

1. Crisis traducida en cinco aspectos concretos: 1) desbordamiento estudiantil, 2) aguda escasez de recursos, 3) aumento de los costos de la educación, 4) inadecuación del producto de la educación, y 5) inercia e ineficacia de los sistemas educativos.

años 50 procedió a adaptar progresivamente su estructura administrativa y a propiciar la creación y/o reorientación de algunas experiencias institucionales para ponerse a tono con las nuevas exigencias mundiales.

Tal proceso, generado en el marco del programa de las Naciones Unidas "Primer Decenio del Desarrollo", ofreció las condiciones de posibilidad para que en 1968 Colombia participara con otros países del área latinoamericana en el desarrollo del Proyecto Multinacional de Televisión Educativa (adscrito a la División de Radio y Televisión del Ministerio de Educación Nacional), al mismo tiempo que se realizaba la reforma administrativa que sentó las bases para la creación de un conjunto de instituciones que tuvieran que ver de manera particular con la educación y la enseñanza: Instituto Colombiano de Construcciones Escolares (ICCE), Instituto Colombiano de Pedagogía (Icolpe), Instituto Colombiano de Fomento a la Educación Superior (Icfes), Instituto Colombiano de Ciencia y Tecnología (Colciencias), entre otros. En 1965 se oficializó el sistema INEM (proyecto iniciado bajo el modelo de la escuela comprensiva norteamericana) y entre 1970 y 1973 se puso en marcha el andamiaje institucional y operativo del macroproyecto firmado entre el gobierno nacional y el Proyecto de las Naciones Unidas para el Desarrollo (PNUD), en el cual se inscribieron las Concentraciones de Desarrollo Rural (CDR), la reestructuración de la Universidad Pedagógica Nacional (UPN), las acciones de diseño curricular y perfeccionamiento docente del Instituto Colombiano de Pedagogía (Icolpe), entre otras.

En 1973, en el marco del Proyecto Multinacional de Tecnología Educativa, se celebró en Bogotá el Seminario

Interamericano sobre Currículo y Tecnología Educativa.[2] Como producto de este seminario inició formalmente sus actividades el "Proyecto Bogotá", coordinado por la Secretaría de Educación del Distrito Especial de Bogotá. En el mismo año se dio inicio al Proyecto de Universidad Desescolarizada de la Universidad de Antioquia, seguido de la experiencia en teleeducación de la Universidad Javeriana.

En 1974, y como parte del proyecto de reestructuración de la Universidad Pedagógica, se abrió el espacio institucional para el desarrollo del "Seminario Permanente de Tecnología Educativa". Un año después, entre el 23 de junio y el 1º de agosto y como parte de las acciones del mismo, se llevó a cabo el Simposio-Taller de Tecnología Educativa cuya organización estuvo a cargo del Departamento de Educación de la Universidad Pedagógica Nacional (UPN) y el Centro de Tecnología Educativa de Florida State University. Participaron en este evento instituciones como el Icfes, AID, MEN-División Radio y Televisión, Centro Multinacional de Tecnología Educativa de la OEA en Colombia, Inravisión y Colegio Cafam.

Si bien este conjunto de experiencias podrían ser agrupadas bajo el calificativo general de *procesos de transferencia de tecnología educativa*, en sentido estricto deberían designarse bajo la categoría de *tecnología instruccional*. Por la importancia que tiene la diferenciación de estos dos tipos de procesos en la comprensión de las transformaciones educativas y pedagógicas durante la segunda mitad del siglo XX, consideramos

---

2. Este seminario se llevó a cabo durante los días 21 a 26 de mayo con el patrocinio de la OEA-MEN-Icolpe. Dada la connotación interamericana del mismo asistieron delegaciones de todos los países de América Latina.

necesario —antes de entrar a la descripción y análisis de sus procesos de institucionalización— realizar una delimitación teórica y conceptual.

## 1. Tecnología instruccional y enfoque sistémico

A pesar del uso indiscriminado que durante el período 1968-1975 se hace de los términos *tecnología educativa y tecnología instruccional*, podría afirmarse que en tanto la preocupación del momento estuvo centrada en los procesos de enseñanza-aprendizaje, y por ello en el diseño de la instrucción y evaluación del aprendizaje, la *tecnología instruccional* fue el distintivo de estos años. Por el contrario, a partir de 1975, con la puesta en marcha del Programa de Mejoramiento Cualitativo de la Educación del MEN, si bien tales preocupaciones continuaron vigentes, se impuso una mirada más global del fenómeno desde la cual los procesos de enseñanza-aprendizaje fueron vistos como uno de los "subsistemas" que conforman el gran "sistema educativo". De esta manera, el Programa de Mejoramiento Cualitativo de la Educación puso en práctica una concepción más global de la educación y la enseñanza en la perspectiva de optimizar el rendimiento y la eficacia del sistema (mejoramiento de la calidad). Ello explica que para este segundo momento haya sido la tecnología educativa el eje central de los análisis y decisiones.

De acuerdo con el balance realizado sobre los discursos que circularon en el país durante el primer período señalado, la tecnología instruccional se entenderá en este trabajo como:

> "Una forma sistemática de planificar, implementar y evaluar el proceso total de aprendizaje y de instrucción en términos de objetivos

específicos, basados en las investigaciones sobre el aprendizaje y la comunicación humanas, empleando una combinación de recursos y materiales, con el objeto de obtener una instrucción más efectiva".[3]

Ahora bien, la tecnología instruccional, tal cual funcionó en las diferentes instituciones por donde se expandió mencionando algunos aspectos distintivos de su aplicación masiva en Colombia, estuvo caracterizada por los siguientes elementos:

a)      La introducción del enfoque sistémico para llevar a cabo el diseño, implantación y/o conducción y evaluación del proceso de instrucción.

b) El establecimiento de una estrecha relación entre objetivos, en términos de conducta o de comportamiento, y el análisis de tareas, como etapa básica en el diseño de la instrucción. Cabe anotar que el análisis de tareas hace parte integral de diferentes modelos para diseñar la instrucción.

c) El objeto de la tecnología instruccional es el aprendizaje y la instrucción, denominado también proceso de enseñanza-aprendizaje. La tecnología instruccional se inscribe en una concepción de aprendizaje que toma en cuenta tanto aspectos internos como externos que intervienen en dicho proceso (el punto de referencia constante en el período trabajado se basa en el denominado conductismo cognitivo —Gagné—). De igual forma, se apoya en las investigaciones realizadas en torno a la comunicación.

---

3. Academy for educational Development, Inc. (editor), "Educational Technology and the Developing Countries", Washington (1972), citado en González Z., Hipólito, "Tecnología educativa: ¿hacia una 'optimización' del proceso de subdesarrollo?", en *Revista de Tecnología Educativa*, Vol. 2, No. 4, Santiago de Chile, OEA, 1976, p. 447.

d) Su objetivo es transformar las conductas de los alumnos por medio del aprendizaje. Se trata de que estos cambios de conducta sean permanentes y para ello la programación de la instrucción involucra como un elemento esencial la *evaluación* a manera de una revisión, medición y control permanente del proceso (evaluación formativa) y los resultados esperados (evaluación sumativa).

e) La tecnología instruccional se refiere a la instrucción en términos de un subsistema conocido como proceso de enseñanza-aprendizaje. Desde esta perspectiva, "...un sistema instruccional puede concebirse como un conjunto formado por personas y recursos materiales, cuyo principal objetivo es transformar las conductas de los alumnos por medio del aprendizaje. El sistema instruccional debe garantizar que dichas transformaciones ocurran. Los sistemas instruccionales son subsistemas que se constituyen en la espina dorsal del sistema a que se refiere la definición general de tecnología educativa".[4] El sistema instruccional no actúa como un conjunto aislado de elementos. Posee una racionalidad propia, pero articulada dentro de un sistema más amplio en el cual interactúa. La interacción fija los límites de una dependencia jerárquica. El sistema instruccional posee una teleología propia.

Con base en estos elementos podrían distinguirse dos características esenciales de toda tecnología instruccional. La pri-

---

4. Forero, Fanny, "Tecnología instruccional: una aplicación del enfoque de sistemas", en Galvis, Álvaro; Forero, Fanny; Hincapié, Lida Q. de, *Tecnología instruccional: información básica y complementaria - Manual de trabajo*, T. I, Bogotá, UPN, Departamento de Educación, diciembre de 1975, p. 121 (mimeo).

mera es la aplicación de procedimientos organizados con un enfoque de sistemas al diseño, realización y evaluación de la instrucción: en términos de operación este es uno de sus rasgos más distintivos. En cuanto al objeto mismo, se podría afirmar que la tecnología instruccional busca "la optimización de la efectividad y la eficiencia del aprendizaje y de la instrucción".[5]

Teniendo en cuenta estas precisiones iniciales, entraremos ahora a detallar las condiciones que hicieron posible la introducción de la tecnología instruccional en Colombia, y el proceso por medio del cual se cumplió su institucionalización.

**Enfoque sistémico: soporte de la tecnología instruccional**

> *"Matizando la acepción que tiene la expresión análisis de sistemas en otros contextos, es preciso subrayar que no está empleada aquí como acepción matemática y de medida de todo aquello a lo que se aplica; más bien funciona como una lente de gran aumento enfocada sobre un organismo con el fin de poder verlo en su conjunto, incluyendo las relaciones entre sus componentes y entre el organismo y el exterior".*

> Coombs, 1968.[6]

En 1973, Roger Kauffman publicó un texto que revolucionó la concepción, vigente hasta el momento, de la planificación y organización de la enseñanza. El elemento novedoso de su propuesta se basaba en la introducción de un concepto "moderno" de sistema: el enfoque sistémico. La característica

---

5. Szczurek, Mario, "Tecnología educativa y tecnología instruccional", en *Revista de Tecnología Educativa*, Vol. 4, No. 3, Santiago de Chile, OEA, 1978, p. 259.

6. Coombs, Philip, *op. cit.*, p. 16.

distintiva del enfoque propuesto se halló en la noción de *necesidad*, y en la introducción de una etapa previa denominada "identificación o evaluación de necesidades".[7]

Kauffman define como necesidad educativa "la discrepancia mensurable (o la distancia) entre los resultados actuales y los deseables o convenientes" o como "la discrepancia mensurable entre 'lo que es' y 'lo que debe ser', o bien la distancia mensurable entre 'lo que es' y 'lo que se requiere'. La idea esencial es que para determinar una necesidad debemos identificar y documentar el hecho de que existe distancia entre dos resultados, el que se obtiene en la actualidad y el que debería obtenerse. El establecimiento de estas dos dimensiones polares de una necesidad debe hacerse de manera formal, procedimiento que se conoce como *evaluación de necesidades*".[8] Un proceso lógico de solución de problemas que además de fijar el procedimiento para la acción más eficaz, permitía el ajuste permanente del sistema. De allí que por enfoque sistémico se entendiera:

"un proceso mediante el que se identifican necesidades, se seleccionan problemas, se determinan requisitos para la solución de

---

7. Joel de Rosnay, denominándolo "macroscópico", lo define como "Una nueva metodología que permite reunir y organizar los conocimientos con vista a una mayor eficiencia de la acción" (p. 72). El enfoque sistémico, desde esta posición, es lo totalmente opuesto a un enfoque analítico, dado que es utilizado en el trabajo con sistemas complejos que requieren ser abordados con un enfoque globalista, que permita "considerar un sistema en su totalidad, su complejidad y su dinámica propia" (p. 92). Ver De Rosnay, Joel, "El macroscopio: hacia una visión global", Madrid, A.P., 1977, citado por Reinaud de Mantilla, Adelia, "Hacia una conceptualización de la tecnología educativa", en *Revista UIS-Humanidades*, Vol. 13, Nº 1, Bucaramanga, UIS, 1984, p. 46.

8. Kauffman, Roger, *Planificación de sistemas educativos*, México, Ed. Trillas, 1985, pp. 12-13 (1a. edición en español, 1973).

problemas, se escogen soluciones dentro de las alternativas, se obtienen y se aplican métodos y medios, se evalúan los resultados y se efectúan las revisiones que requiera todo o parte del sistema, de modo que se eliminen las carencias".[9]

A la vez que actuaba como instrumento de procesamiento, no hay que olvidar, como lo advierte el propio Kauffman, que el enfoque sistémico es ante todo "un modo de pensar que subraya la determinación y solución de problemas". Un modo de pensar, un modo lógico que había llegado a ser familiar y valioso "en las ciencias físicas y conductuales y en las comunicaciones humanas".[10] Su utilidad radicó en que permitió discernir acerca de procesos, y en el caso particular del proceso educativo, de discernir organizando la acción de una manera racional, transmitiendo y transfiriendo la información necesaria para el funcionamiento óptimo del sistema, permitiendo la identificación de necesidades prioritarias. Su papel fundamental era "la recopilación y empleo de información detallada para mejorar el desempeño de un sistema".[11] Para ello observaba los requerimientos de validez de las ciencias y la metodología científica, y los principios de objetividad deducibles de la planificación. En esa medida,

> "...un enfoque sistemático educativo orientado a la acción, requiere que se realice una planificación formal y sistemática, lo mismo que

---

9. *Ibíd.*, p. 12.

10. *Ibídem.*

11. Chadwick, Clifton, *Tecnología educacional para el docente*, Buenos Aires, Paidós, 1975, p. 29. Recopilación que corresponde a cinco pasos fundamentales: 1) el análisis de sistemas, 2) el diseño de sistemas, 3) el desarrollo de sistemas, 4) la instrumentación de sistemas, y 5) la evaluación de sistemas.

> diseños, aplicaciones, evaluaciones y revisiones... Cuando un enfoque sistemático es abierto, observable y conveniente, se empeña en identificar requisitos y necesidades primordiales, tratando de satisfacerlas de manera eficiente y eficaz. Deja margen a los fracasos temporales, puesto que señala las condiciones para una revisión cuando los sistemas no logran satisfacer esas necesidades".[12]

Como se ve, se trataba de un enfoque de planificación que permitía identificar necesidades, al mismo tiempo que proponer las mejores vías para satisfacerlas. En esta medida el enfoque sistémico fue *un modo de pensar, basado en la determinación objetiva de la necesidad por satisfacer y en la búsqueda de la solución a la carencia detectada.* La teoría de sistemas actuó como un modelo de análisis racional que buscó la previsión y la predicción en la acción y en este sentido "antes que una teoría establecida, es un enfoque y una tecnología aplicable a las funciones de resolver problemas y tomar decisiones".[13] En el caso de la educación, el concepto de sistemas le daba amplitud a la organización misma de la enseñanza encaminándola a unos parámetros y principios de validez universal.

> "Un sistema es la combinación ordenada de partes que, aunque trabajen de manera independiente, se interrelacionan o interactúan, y por medio del esfuerzo colectivo y dirigido constituyen un todo racional, funcional y organizado que actúa con el fin de alcanzar metas de desempeño previamente definidas".[14]

El gran reto que se propuso entonces todo enfoque sistémico fue el de generar una planificación partiendo de problemas

---

12 .Kauffman, Roger, *op. cit.*, p. 14.

13. *Ibídem.*

14. Chadwick, Clifton, *op. cit.*, p. 23.

"bien definidos". Un problema mal definido implica dos obstáculos que impiden la efectividad de la planificación: el primero, enfrentarse a "un número infinito de soluciones posibles, y segundo, (a) una situación en la que nos ocuparemos de los síntomas, sin resolver nunca el problema verdadero". Para ello, el proceso de planificación supone los siguientes elementos, según Kauffman (1973):

— Identificación y documentación de las necesidades.

— Selección, entre las necesidades documentadas, de las que tengan suficiente prioridad para entrar en acción.

— Especificación detallada de los requisitos para satisfacer cada necesidad, incluyendo especificaciones para eliminarla, mediante la solución del problema de que se trate.

— Una secuencia de resultados deseables que satisfagan las necesidades identificadas.

— Determinación de posibles alternativas de estrategias e instrumentos para llenar los requisitos precisos para satisfacer cada necesidad, incluyendo una lista de las ventajas y desventajas de cada conjunto de estrategias e instrumentos (o métodos y medios)".[15]

Como bien lo señalaba Kauffman, el enfoque principal que sustentaba sus elaboraciones en torno a la planificación de sistemas educativos era el de la identificación del problema, y en esa medida adquirió una gran connotación el concepto de necesidad y los instrumentos para su determinación.

---

15. Kauffman, Roger, *op. cit.*, p. 17.

La tecnología instruccional trajo consigo una concepción de la enseñanza (o instrucción en términos más precisos) como totalidad orgánica en tanto "nos invita a abordar los conjuntos educativos con el criterio organicista del biólogo o el mecánico",[16] afectándola en todas sus partes. En este momento se cumple la aplicación del proceso de instrucción de la lógica y la racionalidad del análisis de sistemas en la perspectiva de recuperar "todos los elementos que lo constituyen y que tratan de armonizar los diversos agentes dentro de un proceso unificado que persigue la mayor eficiencia posible".[17]

En síntesis, el análisis de sistemas buscó "determinar en forma exacta los objetivos por alcanzar en términos de funcionamiento, definir los niveles de aplicación, integrar los obstáculos que lo condicionan y obtener por resultados modelos racionales de funcionamiento".[18] Dicho de otra manera, el enfoque sistémico aplicado a la instrucción[19] estaba orientado a "identificar necesidades, solucionar problemas, determinar requisitos para su

---

16. Dieuzeide, H., "Tecnología educativa", Bogotá, MEN, División de Radio y Televisión, p. 17.

17. *Ibíd.*, p. 18.

18. *Ibíd.*, p. 17.

19. Siguiendo estas apreciaciones, podríamos decir de acuerdo con Szczurek, que *instrucción es*: "...un término genérico para referirse a la administración de una secuencia de eventos y del ambiente para producir, deliberadamente, un aprendizaje determinado... La instrucción es pues, parte de la educación; aquella parte donde el aprendizaje no ocurre casualmente, sino como resultado de una acción deliberada para producirlo según fuera preestablecido". Szczurek, Mario, "Tecnología educativa y tecnología instruccional", en *Revista de Tecnología Educativa, op. cit.*, p. 264.

solución, implementar métodos y medios, evaluar resultados y revisar acciones totales o parciales".[20]

En el centro de este proceso de planificación sistémica encontramos una preocupación por garantizar la eliminación de la incertidumbre y el derroche, recurriendo para ello a la manipulación de las variables que posibilitaran el control total del sistema en función de una teleología muy precisa definida para el proceso. Ahora bien, la planificación funcionó sobre la base de un modelo, es decir, sobre "una representación simbólica del sistema, que ayuda al analista a visualizar los componentes y sus relaciones".[21] El modelo básico del sistema instructivo representado en su forma más simple se entendía como "un proceso que transforma insumos en productos", en donde los **insumos** serían alumnos, docentes, comunidad y currículo (entendido como todas las actividades que se realizan en la escuela); **el proceso**, las interacciones de los objetivos con las prioridades de los estudiantes y su aprendizaje, la administración y la tecnología; **la finalidad u objetivo principal** del proceso, el aprendizaje. Como diría Álvaro Galvis, "en el caso del sistema educativo cuyo fin primordial es mejorar el aprendizaje de los alumnos, podemos decir que el subsistema del currículo e instrucción es el básico y todos los demás servirían de apoyo a este".[22]

---

20. Galvis, Álvaro, "Planeamiento de la educación y análisis de un sistema escolar", en Seminario de Tecnología Educativa, Bogotá, UPN, 1974, p. 34. (mimeo).

21. *Ibíd.*, p. 35.

22. *Ibíd.*, p. 41. El subrayado es nuestro.

## 2. Irrupción y procesos de institucionalización de la tecnología instruccional en Colombia

Dos hechos fundamentales marcaron la introducción de la tecnología instruccional en el país. Al nivel de las estrategias y políticas educativas diseñadas desde los organismos de cooperación internacional para los países del Tercer Mundo (nivel global), el hecho central tiene que ver con lo que se denominó *la crisis de la educación*.[23] Al nivel de las prácticas institucionales (nivel local), la existencia de un conjunto de experiencias orientadas hacia el diseño y planificación de la instrucción facilitó la comprensión y asimilación de los presupuestos teóricos y metodológicos de la tecnología instruccional. En este campo se ubicó la labor de la Acción Cultural Popular (1947), del SENA (1959) y del Fondo de Capacitación Popular de Inravisión (1967).

Como en el capítulo primero hemos descrito este conjunto de experiencias, nos concentraremos aquí en el análisis de la noción de "crisis de la educación" y de los procesos de institucionalización de la tecnología instruccional cumplidos en la universidad y en otras instituciones, y en el desarrollo del Proyecto Multinacional de Tecnología Educativa.

---

23. Si bien las alternativas que pone de presente el discurso en torno a la crisis de la educación se dirigen tanto al nivel educativo como al nivel instruccional (o de la enseñanza), la forma de operación de este discurso en el país hace que la solución de llamada crisis comience a operar en primera instancia en el nivel instruccional, dado que allí encuentra condiciones óptimas para iniciar las transformaciones, como es el caso del diseño instruccional que se venía utilizando en experiencias como ACPO, FCP y el SENA.

## La "crisis de la educación" y la solución tecnológica

La implantación de la tecnología instruccional en Colombia no dependió —en lo fundamental— de un acto de gobierno particular ni de una política oficial determinada. De hecho, su irrupción y despliegue en el campo educativo estuvo íntimamente ligada a un discurso estratégico de más amplias dimensiones, el cual, hacia finales de la década de los años sesenta, llamó la atención de la comunidad internacional en torno de lo que se identificó como uno de los grandes problemas del mundo contemporáneo: *la crisis de la educación* y la necesidad de afrontar tal crisis mediante la aplicación de elementos tecnológicos, en su doble acepción, como productos y como procesos.

Dicha crisis adquirió un carácter novedoso que, al decir de Coombs, "difería totalmente de lo que fue un hecho común en el pasado. Esta es una crisis mundial de la educación, más sutil y menos gráfica que una crisis alimentaria o una crisis militar, pero no por ello menos real ni menos cargada de peligrosas eventualidades".[24]

El concepto de *crisis de la educación* señaló la crisis de los sistemas escolares en sus relaciones externas e internas. Ella se definió como un problema estructural que tenía que ver con lo social, con lo económico, con la enseñanza, con el maestro y con la población. Se señalaba, por ejemplo, la ausencia de correlación entre la educación y las exigencias y las demandas sociales; pero también, desde el punto de vista económico, su desarticulación con la producción y con el empleo, y en fin,

---

24. Philip Coombs, *op. cit.*, p. 10.

con los avances científicos y tecnológicos que demarcaban la modernización de cualquier nación.

El centro de la crítica estuvo dirigido tanto a la organización escolar como a la enseñanza. En cuanto a la primera, señaló su ineficacia e improductividad; y en relación con la segunda, cuestionó los programas y métodos de enseñanza, calificados de tradicionales y obsoletos. Se consideró que en estos dos elementos estaba la causa de la baja calidad de la educación, de ahí la necesidad de generar profundas transformaciones en estos dos niveles.

Frente a la crisis de los sistemas escolares fueron apareciendo al final de la década de los años 60 alternativas de diverso orden, dirigidas fundamentalmente hacia "la modernización del sistema educacional". A partir de entonces se afirmó la necesidad de definir una estrategia en donde la revisión de los objetivos y la redistribución de los recursos propuestos para mejorar el rendimiento de la educación buscó reemplazar la tradición y el derroche: "Es, en síntesis, toda una economía que haga tanto más eficiente como más controlable la acción educativa mediante la creación de nuevos esquemas pedagógicos más productivos".[25]

La noción de "crisis de la educación" colocó en el horizonte de toda solución posible la utilización del componente tecnológico en los procesos que se cumplían tanto en la escuela, como en la educación en general. Con ello se buscó superar radicalmente las formas tradicionales de enseñanza, aspecto que los analistas identificaban como la causa fundamental de la crisis. En los primeros años de la década de los años 70

---

25. Dieuzeide H., *op. cit.*, p. 3.

se lanzaron grandes proyectos financiados y administrados mediante convenios internacionales; la Unesco y la OEA los adoptaron como su política oficial. El caso particular del Proyecto Multinacional, abanderado por la OEA y puesto en marcha en los países de la región en 1968, por ejemplo, partió del reconocimiento de las grandes posibilidades que abría la televisión educativa para la solución de problemas tales como el analfabetismo, o la extensión de los servicios educativos a grandes sectores marginados de la población. Se trataba de introducir cambios que en un primer momento se dirigieron a la introducción y utilización de los medios, pero que posteriormente desplazaron su énfasis a la transferencia, ya no tanto de productos tecnológicos como de procesos y alternativas, para la solución de problemas educativos.

**La institucionalización de la tecnología instruccional en Colombia**

La irrupción de la tecnología instruccional en el país obedeció a un régimen institucional particular, lo que significa que su aparición no tuvo lugar de la misma manera y en el mismo momento en las diferentes instituciones educativas.

En primer lugar, la tecnología instruccional encontró en las Facultades de Educación el espacio propicio para su consolidación (Universidad Pedagógica y Universidad de Antioquia, principalmente). Su introducción en la escuela sólo se verificó hacia la segunda mitad de la década de los años 70 a través del proceso de *renovación curricular* impulsado por el Ministerio de Educación. En segundo lugar, su régimen de existencia, tanto en las Facultades de Educación como en la escuela primaria, presentó características claramente diferenciables. Mientras en las primeras funcionó ligada a un importante proceso de discusión y experimentación en el que participaron activamente las diferentes instancias administrativas y docentes —proceso en donde se reconocen posiciones divergentes y por tanto enfrentamientos teóricos acerca de su pertinencia, posibilidades y límites—, en la escuela primaria su existencia asumió la forma de un paquete elaborado por instancias técnicas y administrativas alejadas de la institución escolar, y dispuesto para su aplicación y utilización operativa por parte del maestro.

Sin embargo, esta forma de existencia de la tecnología instruccional en la escuela generó un álgido debate, en el que importantes sectores del magisterio participaron activamente. Pero tanto el debate como las resistencias que opuso el magisterio colombiano fueron de naturaleza muy diferente a los procesos que se generaron al interior de universidades y Facultades de Educación, pues las discusiones y resistencias de los maestros se llevaron a cabo sobre productos terminados en cuya elaboración poco tuvieron que ver. [26]

---

26. Cabe aclarar que esta última afirmación pretende señalar las diferentes formas como un modelo funciona al interior de las distintas instituciones involucradas en un mismo proceso, valga decir, mostrar sus especificidades, su régimen institucional particular y las distintas formas de apropiación; análisis que toma una vía diferente a aquella desarrollada por el grupo del profesor Federici, de la Universidad Nacional, en donde se plantea una crítica a la división entre el trabajo de diseño y planificación, correspondiente a las instancias técnicas y administrativas, por un lado, y aplicación y desarrollo correspondiente al magisterio, por otro.

*La universidad: centro de difusión de la tecnología instruccional*[27]

Distanciarse de las interpretaciones deformadas de la tecnología educativa fue uno de los objetivos fundamentales de la Universidad Pedagógica Nacional durante la década de los años 70. Pero esta preocupación se encontraba inscrita en una meta más general llevar a cabo la aplicación, experimentación y difusión de la alternativa del momento para dar solución definitiva a las necesidades y a las problemáticas de la educación colombiana.[28] La estrategia en su primera fase contempló tres niveles de acción: primero, la generación de un proceso de reestructuración de la universidad a nivel administrativo y académico; segundo, la reformulación del área de formación básica del educador, esencia misma de la institución; y tercero, el diseño y ejecución de programas de formación a nivel de pregrado y postgrado en cuyo centro se encontraba la tecnología instruccional.

El funcionamiento de estos tres niveles de acción se advierte de una manera clara si tomamos como referencia el año de

---

27. Poco se ha llamado la atención sobre las transformaciones que se generaron a nivel universitario durante este período, transformaciones que estuvieron dadas por la irrupción de discursos y prácticas provenientes de otras latitudes, marcando con sus sellos particulares la vida académica e investigativa de instituciones como la Universidad Pedagógica Nacional y la Facultad de Educación de la Universidad de Antioquia, que en su momento se constituyeron en los primeros centros de formación de docentes al interior de los cuales comienza a circular con gran fuerza el discurso sobre la tecnología instruccional (tecnología educativa, en su acepción más general).

28. UPN-Departamento de Educación, "Documento de trabajo: informe de las actividades desarrolladas en el Seminario Permanente de Tecnología Educativa, primer semestre de 1974", Bogotá, 1974 (mimeo).

1974. En ese momento la Universidad Pedagógica contaba con una estructura orgánica diseñada para garantizar la introducción, difusión y apropiación de los postulados de la tecnología educativa. Uno de los distintivos de tal estructura se puede encontrar en la conformación y fortalecimiento de grupos de trabajo y de estudio en cada uno de los departamentos de la universidad. En términos generales respondía al siguiente esquema:

• *Grupos de Tecnología Educativa* (departamentos de la UPN), a los cuales les correspondía investigar sobre los procesos de enseñanza-aprendizaje.

• *Grupo Interdisciplinario de Tecnología Educativa,* compuesto por los coordinadores de estos grupos.

• *Grupo de Tecnología de la Educación* (Departamento de Educación), dedicado al estudio e investigación de las ciencias que fundamentan la tecnología educativa y la investigación aplicada a las experiencias en aprendizaje.

• *Grupo de Tecnología en la Educación* (Departamento de Bibliotecología y Recursos Educativos), al cual le correspondía la implantación de aquella programación y elaboración de material para la docencia.

• *Grupo General de Tecnología Educativa,* debía desarrollar estudios coordinados que redundaran en beneficio de la orientación de los futuros maestros, para que organizaran en la práctica el "qué", el "cómo" y el "para qué" de la acción educativa. [29]

---

29. *Ídem.*

La oficialización de estos grupos al interior de la UPN,[30] y el papel coordinador del Departamento de Educación en todas las actividades tendientes al logro de este propósito,[31] constituyeron el núcleo de la reestructuración sugerida. De hecho, la inquietud central de la universidad fue la de aportar una formación sólida en tecnología educativa (léase tecnología instruccional) a sus docentes y estudiantes.[32]

La reestructuración en marcha hacía parte, a su vez, del proceso de "evaluación institucional" en el que se hallaba comprometida la UPN, proceso que reclamaba la definición de objetivos operacionales, la delimitación de funciones de acuerdo con estos, y un cuidadoso análisis de los recursos disponibles. Encontramos allí uno de los factores que explican la importancia concedida a la tecnología educativa (o instruccional) durante estos años: el hecho de que ella misma ofrecía las alternativas operativas para llevar a cabo la evaluación institucional, además de proporcionar toda una concepción teórica para fundamentar y reorientar tanto el funcionamiento administrativo de la universidad, como el fortalecimiento y ampliación del radio de acción de sus programas de formación.

En este sentido, la tecnología instruccional en la universidad brindó una alternativa múltiple para generar procesos forma-

---

30. Al efecto puede consultarse la Resolución No. 160 de 1974 por medio de la cual se afirma la voluntad de la universidad de "sistematizar y fortalecer el uso de la tecnología educativa con el objeto de lograr una mayor productividad en el proceso enseñanza-aprendizaje".

31. *Ibídem.*

32. Se plantea igualmente el perfil del profesor tecnólogo y la necesidad de establecer como un área mayor el currículo que se encontraba en estudio.

tivos del recurso humano calificado: en principio fueron los docentes (planta de personal) y los estudiantes; posteriormente se extendió a funcionarios vinculados al sector educativo y a grupos de docentes de todo el país.

Se podrían distinguir entonces varias líneas de trabajo:

— La primera, de estudio, promoción y aplicación de la tecnología educativa dentro de la universidad (garantizada por la conformación de grupos de estudio e investigación siguiendo sus derroteros).

— La segunda, estudio y diseño de modelos de enseñanza y su desarrollo práctico (este era el campo de acción del Grupo Interdisciplinario de Tecnología Educativa). Desde allí se orientó la reformulación del área de formación básica de todos los programas ofrecidos por la universidad, en la medida en que aquella debía brindar la competencia profesional necesaria.

— La tercera, se proponía la programación de carreras intermedias y de licenciados en tecnología educativa. El eje de esta formación se articuló en torno al diseño curricular y la evaluación.

Teniendo presente un tipo de profesional que permitiera la reconceptualización del pedagogo en términos de tecnólogo y, a partir de allí, avanzar en la configuración de un *"ingeniero de la educación,* encargado de aumentar el rendimiento de la totalidad de la máquina escolar",[33] el objetivo general no era otro que optimizar el rendimiento de los diferentes

---

33. Véase Dieuzeide, *op. cit.*

componentes de la universidad: administrativo, académico, financiero, etc.[34] Tal proceso correspondió a un conjunto de acciones graduales y progresivas:

Capacitación en tecnología educativa

Aplicaciones empíricas

Experimentación

Estandarización de criterios

Aplicación generalizada

Optimización del rendimiento

Para procedes a la aplicación generalizada de la tecnología instruccional en todos los niveles de enseñanza, se debía cumplir con los siguientes pasos: capacitación integral del profesorado en tanto recurso humano; aplicaciones empíricas-experimentación por parte de un grupo de profesores capacitados que fueron los encargados de difundir la metodología específica de cada una de las áreas mediante el diseño, implantación y aplicación de los procedimientos de aprendizaje-instrucción; estandarización de criterios en orden a la universalización de los procedimientos. Como se ve, la Universidad Pedagógica actuó como modelo de transferencia y multiplicador nacional de la tecnología instruccional.

Quizá una de las reuniones más importantes y representativas de este momento de institucionalización fue la realizada en el

---

34. Ver UPN-Departamento de Educación, *op. cit.*, p. 4.

Centro Nacional de Perfeccionamiento Docente —Cenaper—
en abril de 1974.[35] Una presentación rápida de las temáticas y
las conferencias centrales de este seminario permite visualizar
la tendencia dominante de tecnología educativa que circuló y
se implementó en la UPN y, en general, en el país, si se tiene
en cuenta su efecto multiplicador:[36]

1. Análisis de sistemas aplicado a la educación: planeamiento
de la educación y análisis de un sistema escolar; administración de la educación; evaluación de la educación.

2. Aplicación de los principios del comportamiento a la
educación. Teoría de la comunicación: introducción a la aplicación de los principios del comportamiento a la educación;
comunicaciones.

3. Tecnología educativa - Currículo: los audiovisuales como
implantación de tecnología educativa; currículo.

En aquella reunión se discutió igualmente el "Anteproyecto de
Currículo del Área de Tecnología Educativa", se reconoció la
importancia que en el proceso de difusión e institucionaliza-

---

35. Esta reunión formó parte de las actividades desarrolladas dentro
del Seminario Permanente de Currículo y Tecnología Educativa de la
Universidad Pedagógica.

36. Cuando se plantea la forma de trabajo en las comisiones se advierte
sobre la utilización del enfoque sistémico: ya no se habla de objetivos sino
de *tareas*: especificación mínima de la actividad por realizar, y de lo que
se espera que se haga determinado con un tiempo preciso. Por ejemplo,
Comisión segunda; Tema: Área de Tecnología Educativa; Tarea: con base
en el estudio de las funciones, los campos de trabajo y la identificación
del mismo, presentado en el "Anteproyecto de Currículo del Área de
Tecnología Educativa" y en la información analizada hasta el Seminario,
definir los objetivos y sentar las bases para el estudio y desarrollo de una
Área de Tecnología Educativa...". Ver UPN-Departamento de Educación,
"Documento de trabajo", *op. cit.*, p. 13.

ción de la tecnología instruccional correspondía a los Institutos Nacionales de Educación Media Diversificada (INEM), a los Institutos Técnicos Agrícolas (ITA), a las nacientes Concentraciones de Desarrollo Rural (CDR), a las Oficinas de Planeación Educativa, entre otras razones porque serían estos los espacios legítimos para el desempeño del futuro *tecnólogo o ingeniero de la educación*.[37] En una de las propuestas para la definición de su perfil, se estableció su ámbito de acción en los siguientes términos:[38]

| FUNCIÓN | NIVEL | EJECUTOR |
|---|---|---|
| Planeación, organización, ejecución, control | Institucional y del sistema | ADMINISTRADOR EDUCATIVO (Magister) |
| Planeación, organización, ejecución, control | Currículo | ADMINISTRADOR DEL CURRÍCULO (Magister) |
| Planeación, organización, ejecución, control | Modelos de enseñanza | DOCENTE TECNÓLOGO (Licenciado) |
| Planeación, organización, ejecución, control | Centros de recursos | IMPLEMENTADOR (Experto) |

---

37. El profesor, más que un expositor, debe ser un diseñador, un planificador. En este documento y como fruto de las conclusiones de la Comisión Segunda, se aporta esta significativa definición de *docente*: "Entiéndese por docente la persona licenciada en un área mayor de tecnología educativa y en una área mayor específica". Como se ve, la tecnología educativa no es una especialidad particular, se busca que sea el basamento de cualquier maestro. *Ibíd.*, p. 18.

38. Téngase en cuenta que esta jerarquización sirvió posteriormente para la definición de los postgrados que ofreció la universidad desde 1975.

En este momento, lo que parece incontrovertible es la *nueva naturaleza* de la educación en tanto *sistema* y la *nueva índole* del individuo como *sujeto comportamental* susceptible de experimentación empírica. [39]

*El caso del Instituto Colombiano de Pedagogía*

El Icolpe fue creado como parte de la reforma administrativa impulsada por el gobierno de Carlos Lleras Restrepo en el año de 1968. Fue concebido como un organismo de investigación educativa, asesoría pedagógica y producción de materiales educativos. De acuerdo con el Decreto 3153 de 1968, entre sus funciones estaban las siguientes:

— Adelantar directamente o a través de otros organismos, investigaciones educativas.

— Prestar asesoría al MEN, a las Secretarías de Educación departamentales y municipales y a los planteles oficiales y privados de educación primaria y media.

— Diseñar y producir textos y materiales educativos.

Paralelamente a los desarrollos generados en el Departamento de Educación de la Universidad Pedagógica Nacional, los trabajos desarrollados al interior del Icolpe abarcaron dos grandes áreas: la investigación socioeducativa y la investigación

---

39. Durante este seminario se insistió en la teoría y el análisis de sistemas y la psicología del aprendizaje como conocimientos básicos del futuro educador. Ténganse presentes las aspiraciones de "neutralidad" del enfoque sistémico entendido como "una forma lógica de tratar un problema" y de la psicología experimental de corte conductista cuyo objeto es el "estudio científico de la conducta observable". Ambas buscaban por diferentes caminos cumplir con exigencias de cientificidad alegadas desde las ciencias de la educación para el tratamiento del campo educativo.

curricular. Dentro de la primera, se dio prelación a aquellas investigaciones dirigidas a conocer el sistema educativo, identificando los cambios requeridos para el mejoramiento y aumento del nivel de eficiencia. Los "análisis de costos de la educación, estudios de rentabilidad de cada uno de los sistemas educativos, la educación como empresa nacional, etc.",[40] fueron los temas considerados como prioritarios.

En la segunda línea, y desarrollando un trabajo paralelo y desarticulado al que por los mismos años venía realizando la Misión Pedagógica Alemana, el Icolpe realizó investigaciones y procesos de capacitación "tendientes a la experimentación y adaptación de metodología y técnicas modernas de enseñanza en todos los niveles del sistema" como también de "estudios que (condujeran) a la tecnificación de los programas de formación y capacitación de maestros para todos los niveles".[41] Este conjunto de proyectos constituyeron quizá la actividad más importante del Icolpe. Vinculado a la Universidad Pedagógica Nacional (UPN), este instituto fue uno de los centros en donde las nuevas estrategias curriculistas se experimentaron durante varios años, conformando una base teórica y experimental que serviría después como apoyo al proceso de renovación curricular y a la aplicación en gran escala de los presupuestos y procedimientos de la tecnología instruccional.

La importancia concedida a las investigaciones en torno al currículo puede verse en la asignación presupuestal para la vigencia de 1973.

---

40. Informe de las comisiones de trabajo del Seminario de Evaluación Institucional (Comisión de Investigación), Bogotá, UPN, 1972, p. 73.

41. *Ibíd.*, p. 71.

**Ley de presupuesto, vigencia 1973 (Icolpe)**

| PROGRAMAS | PRESUPUESTO | % |
|---|---|---|
| 1. Programa de investigación sobre currículo de la educación básica | $ 6.900.000 | 35,38 |
| 2. Programa de producción, experimentación y distribución de recursos educativos | $ 5.900.000 | 30,26 |
| 3. Programa de divulgación, difusión y asistencia técnica | $ 2.800.000 | 14,36 |
| 4. Programa de investigación para la extensión de la educación básica | $ 2.300.000 | 11,79 |
| 5. Programa de sociología de la educación | $ 1.600.000 | 8,21 |

Pero tales acciones no sólo se concentrarán en la UPN y el Icolpe. Ellos actúan como puntos de apoyo y núcleos principales desde donde se generó la capacitación y la investigación con el objeto de formar multiplicadores y consolidar la estrategia. Tal efecto multiplicador se cumplió de una forma particular en otras instituciones como, por ejemplo, los Institutos Nacionales de Educación Media Diversificada y las Concentraciones de Desarrollo Rural.

*El caso de los Institutos Nacionales de Educación Media Diversificada, INEM*

Los INEM constituyen, al lado del SENA, uno de los casos más importantes de transferencia durante la década de los años sesenta. Transferencia, en tanto que su diseño obedeció al modelo ofrecido por las denominadas "escuelas comprensivas americanas".[42] En 1965, G.F. Warner, miembro del grupo de especialistas que asesoró al gobierno norteamericano para la adopción del modelo de la escuela comprensiva, la definía como:

"una escuela que combina las funciones de las escuelas especializadas en un programa unificado. La matrícula grande de una escuela de este tipo hará posible que su funcionamiento sea económico, puesto que los alumnos que estudian materias especializadas se mezclarán democráticamente los unos con los otros en el estudio de las materias comunes a todas en el currículo, así como en la utilización de todas las facilidades de la escuela".[43]

El modelo INEM integraba las diferentes actividades especializadas en un programa unificado. El diseño de este programa implicaba un soporte institucional "comprensivo", lo cual significaba que cada una de las instancias administrativas y académicas de la institución buscaría apoyar y asesorar permanentemente los ciclos de formación del estudiante. De otra parte, se esperaba desplazar la tendencia segregacionista de la escuela que establecía un régimen de diferenciaciones y exclusiones en los niveles de formación especializada, para incorporar más bien una estructura curricular que permitiese agrupar, para el estudio de materias afines, a estudiantes de una u otra materia especializada. Estas fueron las premisas a partir de las cuales se afirmaron las ventajas de los INEM:

"— El nuevo currículo que esta escuela elabore puede convertirse en patrón para otras escuelas.

— Puede servir como centro de demostración y preparación en servicio para los maestros.

---

42. La experiencia de las escuelas comprensivas fue un modelo experimental desarrollado en EE.UU y sistematizado por las universidades de California, Nuevo Méjico y Oklahoma, coordinadas por la Agencia Internacional de Desarrollo, AID. Ver Zúñiga, Myriam; León, Juan y Salazar, Guillermo, "Institutos Nacionales de Educación Media Diversificada, INEM", en *Transferencia de tecnología educativa en Colombia, op. cit.*, pp. 127-138.

43. *Ibíd.*, p. 128.

— Una de las finalidades de estas escuelas es facilitar educación que se ajuste a diferencias individuales, lo cual aumentará el número de graduados y la expondrá como una posibilidad para otras escuelas.

— Servicios de orientación y consejo pueden ser creados en estas escuelas con la esperanza de que una vez conocido el valor de estos servicios, otras escuelas los incluirán también.

— Este tipo de escuela con la mezcla de todos sus alumnos puede ser una demostración de la convivencia democrática". [44]

A diferencia de la experiencia ACPO, los INEM buscaron constituirse en "centros de demostración" para apoyar una posible reforma educativa en el país. Con ellos se cumplió la transferencia de una estructura organizativa y curricular. Las razones que se alegaron eran las de "eficiencia y democracia". Eficiencia en términos de la calificación de la futura mano de obra, gracias al diseño de un currículo y una estructura organizativa funcional e integral; democracia en la medida en que tanto el currículo como la estructura organizativa permitían atender las necesidades individuales y los requerimientos de socialización inherentes a la función de la escuela en un Estado moderno.

*El sistema nuclear: el caso de las Concentraciones de Desarrollo Rural, CDR*

Las Concentraciones de Desarrollo Rural (CDR) pretendieron dar solución a problemas relacionados con educación, salud, nutrición, desarrollo agropecuario, recreación y organización de la comunidad. El programa se definía como

44. Warner (1965), citado en *ibíd.*, p. 128.

> "el mecanismo operativo que resulta de dos procesos centrales: la integración de los servicios y la participación creciente de la población por ellos servida, para alcanzar mayores niveles de bienestar económico, social y cultural. La concentración concilia a nivel regional las necesidades objetivas del desarrollo nacional".[45]

Integración de servicios y participación de la comunidad en la perspectiva de un desarrollo del sector rural. Estos son dos pilares y el objetivo que buscaba el modelo organizacional ofrecido por las CDR. Un modelo organizacional caracterizado por ser, más que un modelo educativo alternativo para el campo, un "sistema nuclear" que integra una serie de instituciones, personas y funciones dispersas. La eficacia dependía precisamente de la coordinación y concentración de las acciones. En este sentido el sistema nuclear propuesto por las CDR buscaba elevar la eficacia, asegurando al mismo tiempo la participación social de la comunidad. La concentración, como lo indica una de sus acepciones, buscaba lograr "un efecto productivo" y este se daba tanto por la coordinación como por la integración. Concentración aquí era entendida como un proceso planeado de acción, con un sentido parti-

---

45. *Ibíd.*, p. 143. Cabe anotar que desde 1945 ya en Perú y Bolivia se había establecido un programa educativo denominado Núcleos Escolares, que inspiró las CDR. En un principio estaba dirigido a comunidades indígenas y se difundió como respuesta a problemas sociales en otros países. En Colombia se establece el sistema en 1961, y se aplica en zonas afectadas por la violencia, con miras a lograr una mayor expansión de la escolaridad en el campo y una mayor participación en la comunidad afectada. En 1967 se planteó el llamado Plan de Emergencia (Decreto 150 de 1967), el cual contempló diversas modalidades para racionalizar recursos educativos, pasando por la escuela unitaria, hasta las escuelas de funcionamiento intensivo (educación flexible y desescolarizada). Ver DNP, "Programa CDR", Documento URH-DBOS-027, julio de 1972, p. 7.

cular: irradiar los componentes de modernización a las áreas circundantes.

SEDE CENTRAL ⟶ ESCUELA SATÉLITE ⟶ ESCUELA VINCULADA

El sistema nuclear propuesto e introducido en el país por parte de las CDR, plantea la "extensión vertical del sistema INEM", permitiendo la difusión al sector rural de una educación planificada. [46]

*El Proyecto Multinacional de Tecnología Educativa (PMTE)*

> *"Dicho de otra manera: si Ud. tiene un objetivo instruccional, existen técnicas que pueden ser aprendidas que le permitan lograr su objetivo instruccional. Era este recurso tecnológico, este proceso, el que queríamos hacer disponible".*

Clayton, 1978 [47]

En 1978, Pilar Santamaría de Reyes y Fabián Bonnett Vélez, presentaron al Seminario Nacional sobre Transferencia de Tecnología Educativa una serie de precisiones en torno al

---

46. Nucleación es la forma adoptada para establecer y administrar el nuevo tipo de educación que responde a los nuevos contenidos curriculares. Esta consiste en la integración del servicio educativo en una zona geográfica con características socioeconómicas similares. Además, al superarse la anterior escuela aislada, el sistema nuclear captará todo el potencial educativo de las comunidades fijándoles la correspondiente responsabilidad. El resultado será un mejor y más amplio servicio educativo, basado en las condiciones regionales, y atendiendo a las necesidades de la familia campesina. DNP, Programa CDR, Documento URH-DBOS-027, julio de 1972, p. 7, citado en *ibíd.*, p. 145.

47. Clayton, John S. "El rol de una organización internacional en la transferencia de tecnología en educación: un estudio caso", en *Revista de Tecnología Educativa*, Vol. 4, No. 1, Santiago de Chile, OEA, 1978, p. 24.

origen, desarrollo, marco conceptual y operativo del Proyecto Multinacional de Tecnología Educativa (PMTE). Dada su importancia, presentaremos aquí, y de una forma esquemática, los principales elementos allí mencionados:

1) El "origen" del PMTE se ubica en dos hechos: el primero, la recomendación elevada ante la OEA en 1967, durante la Reunión de Presidentes en Punta del Este (Uruguay), de llevar a cabo un "estudio que permitiera poner en ejecución un proyecto multinacional que ayudara a los Estados Miembros a mejorar sus sistemas educativos mediante el uso de nuevas tecnologías, especialmente la televisión educativa".[48] Habría que advertir que la adscripción a la tecnología educativa no se dio en una forma aislada por parte de los países latinoamericanos sino que fue un consenso de varias naciones logrado bajo el mecanismo de la cooperación técnica internacional, que involucró a estos países en un proyecto multinacional.[49] Se buscaba en ese momento, o por lo menos así lo hace explícito la recomendación referida, introducir mejoras en los sistemas educativos de los países de la región, a partir de la utilización de "nuevas tecnologías", pero en especial, de la televisión educativa.

---

48. Santamaría de Reyes, Pilar y Bonnett Vélez, Fabián, "Proyecto Multinacional de Tecnología Educativa, OEA", en *Transferencia de tecnología educativa en Colombia, op. cit.,* p. 227.

49. Al respecto habría que señalar que la adopción del enfoque seguido por el PMTE fue transferido, como lo señalan Santamaría y Bonnett, mediante el mecanismo de la asistencia técnica a los países de la región. Tal enfoque provenía de los trabajos desarrollados en el Centro de Tecnología Educativa de la Universidad de La Florida, en Tallahassee, orientados bajo las directrices de Gagné y Dick, entre otros de amplia difusión en nuestro país.

El segundo hecho atribuible al origen del PMTE, ocurrió un año después de elevada la recomendación a la OEA. Se trata del inicio, en 1968, del Proyecto Multinacional de Televisión Educativa, que involucró en una primera etapa a cuatro países: Argentina, Colombia, Chile y México. Con este proyecto se buscaba experimentar y apoyar la introducción de la televisión como un medio educativo. Ello implicó, por supuesto, orientar la ayuda técnica y financiera hacia la capacitación de recursos humanos y la dotación de estudios de televisión y otros equipos.

Estos son los dos antecedentes fundamentales en donde ubican los autores del "origen" del PMTE. En los años posteriores, y gracias a los desarrollos conceptuales en ese campo, se amplió la acción del PMTE a la tecnología educativa en general.

2) El PMTE se presenta como una estrategia multinacional cuyo objetivo principal es "desarrollar una capacidad en los Estados Miembros de la OEA para utilizar los métodos e instrumentales tecnológicos en el logro de sus objetivos educativos y fomentar un programa multinacional de tecnología educativa que ofrezca alternativas de solución a los problemas educativos de los países americanos".[50]

Dos elementos llaman aquí la atención: a) el énfasis del PMTE por desarrollar una capacidad para utilizar los recursos de la tecnología en cada uno de los países; b) el desarrollo de dicha capacidad debía traducirse en el logro de los objetivos educativos propuestos por cada país. Sin embargo, el hecho

---

50. Clayton, John. "Proyecto Multinacional de Tecnología Educativa de la OEA", en *Revista de Tecnología Educativa*, Vol. 1, No. 1, Santiago de Chile, OEA, 1974, p. 51.

central tiene que ver con uno de los propósitos fundamentales del PMTE: "la formación de recursos humanos capaces".[51] Las anteriores características dan cuenta de la forma operativa por la que se optó para el desarrollo de la "capacidad" de utilizar los recursos de la tecnología en cada uno de los países.

Ya en 1977, Chadwick hablaba de "una comunidad de tecnología educativa en América Latina": "Lo que comenzó diez años atrás como casi un sueño ha llegado a ser realidad. Es posible ahora identificar partes de esa comunidad y sus actividades, y hasta hablar del número de personas que están trabajando en el campo o áreas afines". Optimismo manifiesto de parte del editorialista de la revista que da cuenta de la expansión de la tecnología educativa en América Latina. En 1977, gracias al PMTE, más de 1.000 personas habían recibido entrenamiento por medio de cursos, seminarios, talleres, etc. El estímulo de diferentes instituciones a la realización de este tipo de eventos, la realización de seminarios nacionales sobre transferencia de tecnología educativa en Chile, Perú, Costa Rica, Panamá, Venezuela, Colombia, Argentina, Brasil, Guatemala y Jamaica, en el transcurso de pocos meses, cuya continuación fue la realización de un seminario interamericano en 1978, constituye un enorme paso hacia el desarrollo de una comunidad de tecnólogos de la educación. Esto, unido a la creación de asociaciones de profesionales (por ejemplo, la Asociación Latinoamericana de Teleducación (ALTE), que existió durante poco tiempo, la Asociación Brasileña de Teleducación, con más de 9.000 asociados, la Asociación Chilena de Tecnología Educativa, entre otras) representa un avance importante en este campo. De otra parte, se halla la difusión y producción de

---

51. *Ibíd.*, p. 51.

revistas como *Educación Hoy*, la revista *ABT*, la de *Tecnología Educativa*. Es importante reconocer el andamiaje institucional que soportaba la transferencia de tecnología educativa. Instituciones de la ONU, por ejemplo, especialmente dedicadas a la transferencia de tecnología como el Instituto para Entrenamiento e Investigaciones de las Naciones Unidas (Inutar) o el Consejo de las Naciones Unidas para el Desarrollo e Intercambio (Unctad), han identificado los siguientes aspectos como los más problemáticos: 1) acceso limitado a la tecnología, 2) alto costo de transferencia de tecnología, y 3) condiciones restrictivas fijadas a la transferencia de tecnología. [52]

Como características de la estrategia general del Proyecto Multinacional de Tecnología Educativa (PMTE) podrían distinguirse las siguientes: [53]

— La adopción, promoción y difusión de la tecnología educativa, en su sentido más amplio: concertando acciones específicas, conformando grupos interdisciplinarios en cada país, obteniendo el apoyo de la política nacional a las propuestas del proyecto, generando otros subproyectos —regionales, nacionales, institucionales, etc.—, asegurando mecanismos que propiciaran el efecto multiplicador de la utilización de la tecnología educativa.

— El desarrollo de la capacidad de generar y utilizar recursos, métodos e instrumentos tecnológicos en la solución de los problemas educativos en los países de menor desarrollo,

---

52. Chadwick, Clifton, "Editorial", en *Revista de Tecnología Educativa*, Vol. 3, No. 2, Santiago de Chile, OEA, 1977, p. 162).

53. Ver Santamaría de Reyes, Pilar, y Bonnett Vélez, Fabián, "Proyecto Multinacional de Tecnología Educativa, OEA", *op. cit.*, p. 228.

lo mismo que recursos adicionales para la implantación de sus actividades.

— La concepción del PMTE como un sistema, de lo cual se infiere la interrelación de sus componentes, los efectos catalíticos de sus acciones, su autorregulación mediante un sistema interno de evaluación permanente.

Con el PMTE se cumple la transferencia de un recurso tecnológico, que había demostrado sus posibilidades hacia finales de la década del sesenta y sobre el cual hubo un consenso entre los representantes de los países participantes dentro del proyecto. Era, según Clayton, la transferencia de un poder para resolver sus propios problemas. "Ese poder... era la capacidad de utilizar la tecnología en la educación".[54] Y esa tecnología era el diseño de la instrucción.[55]

3) Lo que ocurre hacia finales de la década de los años sesenta se podría catalogar como el tránsito del PMTE de una acción específica en el terreno de los medios y de un énfasis en la tecnología instruccional hacia una concepción más comprensiva y operacional, lo cual implicó la "organización y desarrollo de sistemas operativos que permitieran implementar en forma

---

54. Clayton, John S., "El rol de una organización internacional en la transferencia de tecnología en educación: un estudio de caso", en *Revista de Tecnología Educativa*, Vol. 4, Nº 1, Santiago de Chile, OEA, 1978, p. 22.

55. Al respecto planteaba John Clayton: "Decimos que una necesidad fundamental de cualquier programa educacional en cualquier país era diseñar la instrucción. Esto es, ya que estemos alfabetizando en educación no formal, o filosofía en una universidad, o agricultura a un grupo de campesinos, o salubridad a un grupo de futuras madres, cualquiera que sea el objetivo educacional, uno tiene que diseñar la instrucción", *Ibíd.*, p. 24.

adecuada las acciones del proyecto".[56] Esta forma de actuación definió por lo menos cuatro áreas de desarrollo específico al interior del PMTE:

— Recursos institucionales. La puesta en marcha de sistemas operativos en los diferentes niveles de dirección y ejecución (unidad de coordinación, centros e instituciones).

— Recursos tecnológicos. Entendidos como la aplicación de los conocimientos, técnicas y experiencias para la generación de materiales y otros recursos que reforzaran en determinado momento la operatividad del programa.

— Recursos humanos. Correspondiente a las actividades de entrenamiento que contribuirían a la producción de cambios e innovaciones en los sistemas educativos. De allí que la planeación de la formación y capacitación del recurso humano se hubiese constituido en una actividad fundamental en la ejecución del PMTE.

— Recursos de información. Definición, adopción de criterios, sistematización y divulgación de los flujos y líneas de información, entre los diferentes componentes del sistema.

Los componentes del sistema eran los siguientes: la unidad de coordinación, los centros e instituciones. Sobre ellos se extendía una serie de canales de información (retroalimentación). En 1978, la unidad de coordinación se hallaba en Washington o en la Universidad de Tallahassee. Igualmente, existían seis centros, ubicados en Argentina, Brasil, Colombia, Chile, México y Venezuela. Cada uno de los centros operaba básicamente con un director, un coordinador y un especialista

---

56. Ver Santamaría y Bonnett, "Proyecto Multinacional de Tecnología Educativa, OEA", *op. cit.*, p. 229.

de la OEA. Para el caso colombiano el centro estuvo ubicado inicialmente en el Instituto Nacional de Radio y Televisión (Inravisión) y posteriormente se trasladó a la Dirección General de Capacitación y Perfeccionamiento Docente, Currículo y Medios Educativos del Ministerio de Educación Nacional.

El objetivo de organizar y poner a funcionar sistemas operativos se cumplió especialmente hacia la segunda mitad de la década de los años 70. Cada uno de los centros tenía bajo su responsabilidad desarrollar y programar actividades relacionadas con un área específica. Así se cumplía con el segundo de los acuerdos arriba mencionados.

En Argentina se centralizaron las actividades relacionadas con las técnicas para el diseño de la instrucción; México se dedicó al estudio de los medios de comunicación de masas, explorando los límites y posibilidades de utilización; Colombia se interesó en la educación primaria y secundaria; Brasil en educación no formal, especialmente en programas de alfabetización; Chile en el entrenamiento de profesores (allí se publica, igualmente, la *Revista de Tecnología Educativa*); Venezuela se dedicó a las actividades conocidas como "selección del medio para la instrucción" y al desarrollo y distribución de información relacionada con la tecnología educativa (publicaba dos informativos: el *Noti-Ted* y el *Comuni-Ted*, y elaboró un *Directorio Latinoamericano de Recursos Humanos en Tecnología Educativa*).[57]

En síntesis, siguiendo los lineamientos presentados por Santamaría y Bonnett, el proceso de transferencia de tecnología

---

57. Ver Clayton, John S., "El rol de una organización internacional en la transferencia de tecnología en educación: un estudio de caso", en *Revista de Tecnología Educativa, op. cit.*, pp. 24-27.

educativa, generado a partir de la implantación del PMTE en la región, manifiesta dos fases esenciales:

La primera, caracterizada por "la adquisición y la utilización de productos tecnológicos. Desarrollo del hardware: equipos, materiales y medios de comunicación, especialmente televisión".[58]

Una segunda fase, en donde "el proyecto evoluciona hacia un concepto de tecnología educativa entendida como un proceso que consiste en la aplicación del conocimiento científico mediante un enfoque sistemático, interdisciplinario y social, con el objeto de solucionar problemas educativos y organizar, hacer óptimo e incluso transformar cuantitativa y cualitativamente el funcionamiento de un sistema educativo en todas y cada una de sus partes y relaciones".[59]

Para culminar esta presentación del PMTE, cabe mencionar la siguiente precisión formulada por J. Clayton, uno de los asesores internacionales que mayor incidencia tuvo durante la época en la definición de la vía por la cual se optó por enfrentar la crisis de la educación, no sólo en Colombia sino en América Latina: "A la larga nuestra meta es trasladar a la América Latina el componente de Tallahassee. Ya se están realizando investigaciones para determinar las instituciones apropiadas para estos fines".

---

58. Ver Santamaría de Reyes, Pilar y Bonnett Vélez, Fabián, "Proyecto Multinacional de Tecnología Educativa, OEA", *op. cit.*, pp. 232-233.

59. *Ibíd.*, p. 233. Por otra parte, "al interior del PMTE Colombia estaba trabajando en el desarrollo de materiales de entrenamiento al nivel macro. Esto es, problemas asociados con la planificación de sistemas educacionales". Ver Clayton, John S., "El rol de una organización internacional en la transferencia de tecnología en educación: un estudio de caso", *op. cit.*, p. 28.

Al seminario celebrado en Bogotá sobre currículo y tecnología educativa en 1973 (con el cual se inició la institucionalización de la tecnología instruccional en el país) asistieron "especialistas en planes de estudios procedentes de cada Estado Miembro, como también observadores de la Unesco, la AID, la Konrad Adenauer Foundation, la Academy for Educational Development, Enciclopedia Británica y CEDO. Los materiales para el seminario se prepararon en el Centro de Tecnología Educativa de Tallahassee. Ellos consistían en un curso programado sobre tecnología educativa y currículo, con la ayuda de 1.500 diapositivas. Los materiales fueron desarrollados por funcionarios de la OEA, personal docente del centro y un especialista en comunicación contratado por la OEA"[...]. "Fue significativo el hecho de ser este seminario el producto de los conocimientos técnicos y recursos que en materia de currículo ha desarrollado el proyecto, con miras a fortalecer el elemento vital de la comunidad educacional.[60]

## 3. Implantación a gran escala de la tecnología educativa y proceso de renovación curricular (1975-1984)

La implantación a gran escala de la tecnología educativa propiamente dicha se inicia en 1975 cuando se elabora el

---

60. Los documentos de aquel seminario sirvieron de base a un material elaborado en junio de 1973 por Bernardo Velilla, dirigido expresamente a maestros de Bogotá, y en cuya introducción el autor hace referencia a los documentos "que presenta la OEA en los seminarios programados para difundir la metodología fundamentada en el Análisis de Sistemas - Proyecto Bogotá". Ver Velilla Díez, Bernardo, "Tecnología educativa y currículo", Bogotá, Secretaría de Educación de Bogotá, DIE, 1973 (mimeo).

Programa de Mejoramiento Cualitativo de la Educación, que sirvió de base para la reorganización del Ministerio de Educación Nacional (MEN) en 1976, la organización del Sistema Educativo Nacional (Decreto 088) y la Reforma Curricular de 1978 (Decreto 1419). Este proceso se extiende hasta 1984 (fecha de expedición de los llamados "programas curriculares", mediante el Decreto 1002), proceso conocido como Renovación Curricular.

Los elementos distintivos de la tecnología educativa, en su acepción más general, la definen como un proceso sistemático y razonado de análisis y solución de problemas educativos. Cabe anotar que en esta concepción amplia de tecnología educativa, el papel nucleador se encuentra en la transferencia al campo educativo de un "producto tecnológico": el enfoque de sistemas y sus instrumentos de acción.[61]

Un punto de partida hacia una caracterización de la tecnología educativa se encuentra en la siguiente definición aportada por Chadwick, especialista de la OEA:

> "La tecnología educativa, en combinación con un énfasis en el enfoque sistemático, está interesada en la relación, actuación e interacción de las diferentes unidades de la educación formal y la educación no formal dentro de su propio sistema, y en su interacción con los

---

61. Podría afirmarse que la introducción de la teoría de sistemas (sus principios e instrumentos) y su amplia difusión jugó un papel fundamental en la emergencia de conceptos tales como los de tecnología educativa (TE) y tecnología instruccional (TI). A nivel de TE, permitió pensar la educación como "sistema" y al nivel de la TI, aportó a la configuración de lo que se ha dado en denominar sistemas de instrucción, en cuya base, además del enfoque sistémico, podemos advertir la psicología del aprendizaje y la teoría de la comunicación.

demás sistemas sociales. La programación de la educación también ha sido incluida en esta amplia área, aunque no ha habido acuerdo alguno para que pertenezca a ella. Los medios educacionales o instruccionales son sólo formas o medios de transmitir mensajes a una audiencia, en este caso dentro del campo de lo educativo".[62]

Sin desconocer que la tecnología educativa opera en todos los niveles del sistema educativo, dentro de este trabajo hemos circunscrito su utilización a aquellos problemas educativos de orden macro, es decir, aquellos en donde la tecnología educativa se convierte en "...una herramienta eficaz para ayudar a establecer los objetivos que debe cumplir una reforma de la educación". O cuando, en el plano de la utilización de recursos, puede proporcionar criterios "para una redistribución racional de los mismos, con el objeto de mejorar las relaciones de costo-efectividad de la educación".[63]

En tanto que los problemas educativos son de una amplia factura, ellos pueden estar referidos al maestro, al proceso de enseñanza-aprendizaje o a otros relacionados con la necesidad de configurar y fortalecer el sistema educativo. La clave para la solución de estos problemas, como lo anota Velilla, se veía en el análisis de sistemas, enfoque "utilizado para planificar y diseñar soluciones para cualquier tipo de tarea compleja".[64]

62. Chadwick, Clifton. "Análisis teórico de la tecnología educativa", en *Revista de Tecnología Educativa*, Vol. 1, No. 1, Santiago de Chile, OEA, 1973, p. 5.

63. Velilla Díez, Bernardo, "Tecnología educativa y currículo", Bogotá, Secretaría de Educación de Bogotá-DIE, 1973, p. 12 (mimeo).

64. *Ibíd.*, p. 65.

Como puede apreciarse, el componente tecnológico de la tecnología educativa se encuentra en la adopción de un determinado "modo de pensar, una actitud ante los eventos de la vida. Y esa actitud, se traduce en formas concretas, en estrategias y técnicas, en procedimientos, en metodologías".[65] Desde allí, el campo difuso de la educación se comenzó a concebir como un sistema, adquiriendo un cierto grado de formalización, de organización, pero, ante todo, de control.[66]

## El Programa de Mejoramiento Cualitativo de la Educación (PMCE)

Hacia mediados de la década de los años 70, y frente a los logros cuantitativos obtenidos hasta el momento (principalmente en cuanto a las cifras de cobertura), comienza a tomar fuerza una preocupación por los aspectos cualitativos, imponiéndose la necesidad de un mejoramiento cualitativo del sistema. A finales de 1974, el gobierno nacional (con Alfonso López a la cabeza) decide optar definitivamente por la tecnología educativa como la alternativa más adecuada para enfrentar los retos que planteaba el mejoramiento cualitativo de la educación. Bajo la dirección de Pilar Santamaría de Reyes (especialista en tecnología educativa), se elaboró entre

65. *Ibíd.*, p. 4.

66. Velilla Díez reconocía siete pasos propios para la conformación de un sistema:
1. La identificación del problema y establecimiento del objetivo terminal; 2. las alternativas que genera el sistema; 3) los objetivos del sistema total y, en forma más específica, las medidas de rendimiento y desempeño de tal sistema; 4) el ambiente que rodea al sistema, sus limitaciones; 5) los recursos con que cuenta el sistema; 6) los componentes del sistema, sus actividades propias, su objetivo terminal y sus medidas de rendimiento; 7) la gestión del sistema. Ver Velilla Díez, *op. cit.*, p. 4.

1975 y 1976 el Programa de Mejoramiento Cualitativo de la Educación y se realizó en 1978 el seminario Transferencia de Tecnología Educativa en Colombia.

Dentro del Programa de Mejoramiento Cualitativo de la Educación (1975) se articularon los mecanismos adecuados para implantar la tecnología educativa a gran escala. El programa incluyó un diagnóstico de la situación educativa colombiana, un programa integral de desarrollo cualitativo, y describió estructural y operativamente el sistema responsable de su ejecución.[67] Ante los "desequilibrios, distorsiones e inadecuaciones del sistema educativo...",[68] el PMCE optó definitivamente por la tecnología educativa como "un enfoque metodológico apropiado para generar alternativas de solución a distintos tipos de problemas en el sector educativo".[69] En este sentido, el PMCE se propuso como requisito indispensable iniciar una reestructuración del sistema educativo nacional y una reorganización del Ministerio de Educación. Con la reforma educativa de 1976, ordenada mediante el Decreto Ley 088, se crearon las condiciones institucionales y operativas para la implantación en gran escala de la tecnología educativa.

Ahora bien, este proceso de implantación operó en dos niveles: para la educación en general, con la concreción de una nueva manera de concebir la organización y funcionamiento de todo el aparato educativo: la creación del sistema educativo; para

---

67. Ver Machado, Clara Franco de y Reyes, Pilar Santamaría de, "Fundamentos teóricos de tecnología educativa en los Programas de Mejoramiento Cualitativo que adelanta el MEN", en *Transferencia de tecnología educativa en Colombia, op. cit.,* p. 28.

68. *Ídem.*

69. *Ídem.*

la enseñanza y la escuela en particular, con la implantación de la tecnología instruccional.

En el primer caso, se marcó un nuevo rumbo a la educación colombiana, pues para los nuevos técnicos y expertos el problema no podía quedarse en el mejoramiento de la enseñanza primaria, sino que era necesaria la cualificación de todo el sistema educativo; de ahí la opción por la tecnología educativa como modelo global desde donde fuese posible abarcar la educación en su conjunto.[70]

Para el segundo caso, la Dirección General de Capacitación, Currículo y Medios Educativos (DGCCME), creada en 1976, respondió a una concepción que se apartó notablemente de la que guió el trabajo de la Misión Pedagógica Alemana; si bien desde aquella, como anotamos anteriormente, observamos la entrada del campo del currículo a la escuela, y con él la introducción de los principios y procedimientos de la planificación de la enseñanza, con la creación de la DGCCME aquéllos aparecen ahora vinculados dentro del enfoque global de la tecnología educativa y a la manera de tecnología instruccional, modelo depurado del campo del currículo.

Como parte de las tareas desarrolladas desde la DGCCME, entre 1976 y 1977 se elaboró la primera versión de los nuevos programas curriculares para los grados 1o., 2o. y 3o. del nivel básico, sobre la base de los últimos desarrollos en el diseño y programación de la instrucción. Estos programas fueron

---

70. Recordemos la definición propuesta en los materiales distribuidos por la Unesco: por tecnología educativa se entiende "...la aplicación de un proceso metódico, diseñado para resolver problemas, con el objeto de optimizar la operación total del sistema educativo en todos los niveles". *Ibíd.*, p. 11.

experimentados en varias escuelas de cada departamento, y después de un largo proceso de rechazo por parte de los maestros y de rediseño y adecuación, se generalizaron para todo el país en 1979 con la implantación de la llamada Renovación Curricular, proceso sustentado jurídicamente en el Decreto 1419 de 1979.[71]

## La reforma curricular de 1979: consolidación del modelo curricular

El mecanismo que se puso en marcha con la Renovación Curricular asumió "las características de proceso permanente en cuanto se desarrolla en tres etapas que se condicionan y alimentan mutuamente: la del diseño curricular, la de ampliación piloto (o experimentación) y la de ampliación generalizada".[72] Su fundamento estuvo centrado en la determinación de los objetivos operacionales que se debían obtener, las actividades necesarias para su logro y los medios y criterios de evaluación para controlar la eficacia del proceso, es decir, el rendimiento académico.

Definido como un sistema dinámico pero planificado, el currículo como producto esencial de la tecnología instruccional, se fundamentó en los siguientes componentes:

---

71. Para un recuento detallado del proceso de elaboración, experimentación, rediseño y puesta en marcha de los nuevos programas curriculares, ver Vasco, Carlos Eduardo, "Conversación informal sobre la reforma curricular", en *Revista Educación y Cultura*, Nº 4, Bogotá, CEID-Fecode, junio de 1985, pp. 11-18. Allí el profesor Vasco muestra detalladamente el rumbo del proceso, señalando las discusiones que se dieron y los distintos actores que participaron.

[72] Machado, Clara Franco de, *Currículo, ¿factor de cambio?*, Bogotá, DIE-CEP, p. 129.

— Objetivos a largo y corto plazo, descritos en términos de conductas observables.

— Actividades diseñadas en relación con los objetivos.

— Materiales didácticos y sugerencias metodológicas para realizar las actividades.

— Indicadores de evaluación de los objetivos.

Desde nuestra perspectiva investigativa consideramos que la categoría de *currículo* no corresponde simplemente a un cambio nominal en relación con lo que antes se designaba como "plan de estudio" o "pénsum académico", por el contrario, se trata de una nueva categoría que transforma radicalmente la concepción del proceso educativo redefiniendo el rol de la escuela y el estatuto del maestro, reduciendo la enseñanza a un proceso de instrucción y colocando como centro del proceso educativo el aprendizaje.

De esta manera la educación se asemeja a una empresa de rendimiento en donde el proceso de formación del individuo social es despojado de su carácter cultural y colocado a nivel de metas operacionales predeterminadas y cuantificadas. Corresponde, entonces, a la escuela cumplir un imperativo de *normalización y homogeneización* de la población mediante la aplicación del paquete curricular uniforme para todo el país, sus objetivos sociales se dirigirán en adelante a garantizar que todo colombiano adquiera un mínimo de comportamientos, habilidades y destrezas como requisito mínimo para vivir en una sociedad sin un proyecto cultural y político definido.

En lo referente al maestro, su autonomía sobre el proceso de enseñanza se restringe al mínimo, pues otros son los que planifican, definen, reglamentan y controlan todo el proceso, reduciendo su papel al de un administrador del currículo. Pierde así la inteligencia del proceso en la medida en que pasa a ser un ejecutor de los planes diseñados en las oficinas de planificación ministerial donde se elabora el paquete curricular de objetivos operacionales, actividades para su logro, sugerencias metodológicas e indicadores de evaluación del proceso, siempre en función del conjunto de comportamientos, habilidades y destrezas que el alumno debe adquirir al finalizar cada curso. La enseñanza, reducida a la instrucción, se mecaniza de tal manera que pasa a ser un proceso instrumental para garantizar el rendimiento escolar, es decir, la máxima eficacia en el aprendizaje.

"Se consolida de esta manera un nuevo modelo educativo que partiendo del aprendizaje afina sus procedimientos y convierte el proceso educativo en una acción planificada para obtener la máxima eficacia y rendimiento eliminando el mayor número de interferencias subjetivas. Si hasta antes de la tecnología educativa y el modelo curricular la atención se había concentrado o en el maestro como sujeto de la enseñanza, o en los métodos para realizarla, o en el niño como centro de la actividad educativa",[73] a partir de este modelo "...el elemento principal pasa a ser la organización racional de los medios, ocupando profesor y alumno una posición secundaria, relegados a la condición de ejecutores de un proceso cuya concepción, planeamiento, coordinación y control quedan a cargo de especialistas supuestamente habilitados, neutros, objetivos, imparciales. La organización del proceso se convierte en la garantía de eficiencia,

---

73. Martínez Boom, Alberto, "La escuela, los procesos de enseñanza y la alternativa del Movimiento Pedagógico", en *Educación, pedagogía y cultura*, Bogotá, Foro Nacional por Colombia, ENS, 1984, p. 103.

compensando y corrigiendo las deficiencias del profesor y maximizando los efectos de su intervención".[74]

En síntesis, la tecnología educativa se desplegó como estrategia global y afectó instancias diversas, operando en varias direcciones: a nivel de las instancias de decisión (MEN) incidiendo en las políticas educativas; a nivel de la escuela tradicional, afectando la enseñanza; y a nivel de las Facultades de Educación, y en particular la UPN, modificando los procesos de formación del maestro.

Sin embargo, el proceso de transformación educativa no se operó por entero en la institución escolar. La tecnología educativa no se introdujo en toda su extensión. En unos casos coexistió con otras prácticas de la escuela tradicional, y en otros adoptó y adecuó formas específicas. Lo que sí atraviesa hoy el conjunto de la institución educativa en Colombia es el *modelo curricular*, como el producto decantado del conjunto de transformaciones que se operaron en la concepción y organización de la educación y en la orientación de la práctica pedagógica durante las dos últimas décadas. Transformaciones que han venido redefiniendo el rol de la escuela, el estatuto del maestro y el proceso educativo mismo —centrado desde entonces en el aprendizaje—.

El modelo curricular no es sólo la tecnología educativa o una variante de ella, ni tampoco el prototipo ideal que el diseño instruccional propuso sino la concreción del currículo como una forma hegemónica de pensar no sólo la enseñanza sino la educación en Colombia.

---

74. Dermeval, Saviani. "Las teorías de la educación y el problema de la marginalidad en América Latina", en *Revista Colombiana de Educación*, Nº 13, Bogotá, CIUP, 1984, p. 16.

## La reforma curricular y el surgimiento del Movimiento Pedagógico

Si bien la aplicación de la tecnología educativa a gran escala implicó una reestructuración general del aparato educativo nacional para asumir la forma de un "sistema educativo", las transformaciones más significativas se dieron en el *nivel específico* de la enseñanza, constituyendo una de las más importantes transformaciones en la historia de la educación y la pedagogía en nuestro país.

Este hecho resulta bastante significativo, pues aunque no era la primera vez que se buscaba afectar de manera directa la labor del maestro en el aula de clase —recordemos el trabajo desarrollado desde 1965 por la Misión Pedagógica Alemana— la puesta en marcha de la renovación curricular despertó un gran movimiento de rechazo por parte del gremio magisterial y por grupos de profesores e investigadores de varias universidades del país al diseño y programación de la enseñanza.

La oposición a la nueva reforma no tuvo como único objetivo la introducción de los nuevos procedimientos del diseño instruccional; en general se trató de un movimiento en contra de la aplicación del enfoque de la tecnología educativa y contra lo que ella implicaba, la transferencia, a través de los organismos multinacionales de cooperación, de productos tecnológicos desarrollados (y dicho sea de paso, bastante cuestionados) principalmente en EE.UU.

Los debates y resistencias se concentraron en el nivel específico de la reforma curricular, generando una amplia y rica reflexión en torno a los procesos de enseñanza y de aprendizaje, aspectos que hasta entonces se habían mantenido fuera de las grandes discusiones. Este acontecimiento permitió la puesta en escena, por primera vez, de un verdadero debate pedagógico, al punto de establecerse una diferencia entre educación y pedagogía, es decir, entre los aspectos más generales del proceso educativo y aquellos más puntuales y específicos de la enseñanza y el aprendizaje. De esta manera, el nuevo movimiento asumió el sugestivo nombre de Movimiento Pedagógico.

Frente a las pretensiones de controlar la marcha de la enseñanza a partir de detallados procedimientos de diseño, el magisterio colombiano, que hasta entonces había planteado sus luchas en el terreno de las reivindicaciones laborales y salariales y en el campo de las políticas educativas estatales, dio por primera vez la batalla en su propio territorio, en el campo particular de su quehacer: la enseñanza. Sin duda, este ha sido el acontecimiento cultural y pedagógico más importante de nuestra historia reciente.

El Movimiento Pedagógico (proclamado oficialmente en el XII Congreso de la Federación Colombiana de Educadores reunido en la ciudad de Bucaramanga en 1982) ha permitido la delimitación de una corriente de pensamiento ligada a una perspectiva de transformación del maestro y la escuela, y como forma de resistencia, no sólo a la implementación de la Renovación Curricular sino, ante todo, como forma alternativa para pensar el problema educativo y pedagógico del país.

El Movimiento Pedagógico estuvo animado por una importante actividad intelectual de grupos de investigadores educativos y núcleos de maestros que venían desarrollando innovaciones pedagógicas y experiencias. Este proceso había comenzado a modificar la acción investigativa desplazándola de una visión cuantitativa hacia formas más complejas de comprensión de los fenómenos educativos. Por ejemplo, los trabajos de recuperación del saber pedagógico a partir de su historicidad, los estudios etnográficos, el análisis epistemológico, etc., estuvieron dirigidos por una voluntad política cuyo propósito fue redimensionar las relaciones maestro, pedagogía y cultura.

A su vez, el Movimiento Pedagógico animó y estimuló el surgimiento de nuevos grupos de investigación entre maestros, propiciando la realización de innovaciones pedagógicas en las escuelas, la documentación de la práctica del maestro, y en otros casos, el establecimiento de vínculos entre el saber pedagógico y los saberes específicos.

Surgieron, además, diversas formas de organización como las Comisiones Pedagógicas, el Centro de Estudios e Investigaciones Docentes (CEID) y la revista *Educación y Cultura*, como el órgano de difusión más importante del Movimiento Pedagógico.[75]

Todo este proceso de reanimación de los maestros generó transformaciones en la organización sindical y en la forma misma como el maestro asumió su quehacer, pasando de una lucha meramente contestataria hacia formas de afirmación e identificación que plantean al maestro como trabajador de la cultura. La realización del Congreso Pedagógico Nacional

---

75. Tanto el CEID como la revista *Educación y Cultura* fueron creación de la Federación Colombiana de Educadores —Fecode—, organización fundada en 1959, que agrupa la totalidad de sindicatos de maestros del país. En la actualidad la revista *Educación y Cultura* alcanza la edición número 64, con un tiraje de 15.000 ejemplares.

en 1987 marcó el momento más significativo de todo este proceso de transformaciones en que el educador comenzó a aparecer en el panorama cultural como uno de los nuevos actores sociales en la historia de la educación y de la cultura.

Es el Movimiento Pedagógico el que precisamente hace que el proceso de la reforma curricular module y matice toda la concepción de la tecnología educativa, desplazándola de su sustentación inicial de corte conductista y abriendo el espacio educativo a la "flexibilización curricular" que ha servido de sustento a propuestas alternativas o de innovación pedagógica.

# Epílogo
## Del currículo a la evaluación

Carlos Ernesto Noguera R.
Profesor Universidad Pedagógica Nacional

Hace nueve años, en el capítulo final de la primera edición de este libro, vislumbrábamos la continuidad de la hegemonía del Modelo Curricular en el campo educativo nacional durante la décadas de los años 90. Quizás la cercanía aun conjunto de acontecimientos que por aquellos años tuvieron lugar, nos impidió avizorar las transformaciones que se estaban operando. En diciembre de 1994, cuando la primera edición de este trabajo apareció en público, hacía tan sólo algunos meses que se había promulgado la nueva Ley General de Educación (115 de febrero de 1994); tan sólo hacía dos años que la Cepal y la Unesco habían publicado el documento titulado Educación y Conocimiento: eje de la transformación productiva con equidad; apenas se estaba consolidando el Sistema Nacional de Evaluación de la Calidad de la Educación —Saber—, y se llevaban a cabo las primeras aplicaciones masivas de instrumentos de evaluación del logro cognitivo y factores asociables, iniciadas en 1991. Hoy, cuando estos acontecimientos han producido sus primeros efectos, tenemos que reconocer, no sólo que el modelo curricular perdió su hegemonía, sino que este procesos se inició durante la década de los años 80, justo en el momento en que la Renovación Curricular se expandía por todo el país.

Sin embargo, y a pesar del entusiasmo vigente por los alcances del Movimiento Pedagógico Nacional, ya en ese momento vislumbrábamos una especie de retorno de los discursos y prácticas que habían sido hegemónicos durante la década de los años 70. La diferencia fundamental con las intuiciones de entonces, consisten en que no se trata de una vuelta al currículo sino, por el contrario, su abandono en función de una nueva preocupación: la evaluación. Si bien ésta constituía uno de los componentes de la programación curricular, las nuevas políticas abandonaron la obsesión por el diseño detallado de la instrucción y se concentraron en la evaluación de los resultados como nueva estrategia para garantizar los principios de eficiencia, eficacia y rentabilidad, fundamento de las políticas de mejoramiento cualitativo de la educación.

Podría decirse que la "nueva tecnología educativa", acorde con los presupuestos más generales de la estrategia neoliberal de cuestionamiento al modelo de Estado intervencionista, abandonó las pretensiones de intervención en la planificación de la enseñanza y buscó, desde entonces, regular la calidad (entendida como eficacia y eficiencia) a través de la medición del producto educativo (aprendizaje de los estudiantes). Dicho en otras palabras, lo que se inició en la década de los años 90 fue la desregulación de la educación y la enseñanza, una especie de —laisez-faire— curricular (descentralización, autonomía institucional) en donde el control de calidad se impone a la manera de evaluación de resultados (pruebas masivas de medición del logro educativo).

El giro del currículo hacia la evaluación, acontecimiento agenciado por los organismos de cooperación y financiación internacional, se inició en la década de los años 80 y logró consolidarse sólo hacia el final del siglo, paralelamente con la hegemonía de las políticas de ajuste y reducción del gasto estatal promovidas por el Banco Mundial y el FM, asumidas firmemente por los gobiernos de Andrés Pastrana (1998-2002) y Alvaro Uribe (2002-2006). A diferencia de países como Chile, en Colombia el giro fue relativamente lento, entre otras cosas, por el impulso y desarrollo que maestros e intelectuales universitarios le dieron al llamado Movimiento Pedagógico Nacional a lo largo de la década de los años 80.

## 1. El oasis del Movimiento Pedagógico Nacional: o de la pedagogía como proyecto político y cultural

> "El Movimiento Pedagógico no busca solamente la transformación de las prácticas pedagógicas en el salón, no es un movimiento por la didáctica, es un movimiento que reivindica toda la condición del maestro, como la del niño, la del joven y la de la escuela."[1]

Hacia la década de los años 70 los estudios del desarrollo y las perspectivas economicistas y cuantitativas se habían confrontado con nuevos enfoques críticos —en particular desde

---

1. Martínez B., Alberto; Rojas M., Felipe, "El movimiento Pedagógico: otra escuela, otros maestros", en *Educación y Cultura*, No. 2, Bogotá, Ceid-Fecode, julio de 1984, p. 12.

el horizonte abierto por los estudios marxistas— y nuevas herramientas teóricas y conceptuales habían puesto en escena problemas como el control ideológico realizado desde el aparato educativo y el papel de las diferencias de clase social en relación con los logros escolares. En este proceso, la sociología de la educación de finales de los sesenta jugó un papel central al manifestar "la pérdida de credibilidad en el sistema educativo y en sus poderes transformadores de la estructura social [...] De allí que frente a las tendencias desarrollistas gubernamentales que ven en la participación en la educación un medio facilitador de movilidad y desarrollo, los enfoques de la sociología de educación muestran el papel que juega la educación en la reproducción de la desigualdad y la dominación de clases."[2]

De otro lado, en el nivel de las prácticas sociales, las políticas desarrollistas generaron movimientos de resistencia a partir de los cuales distintos sectores de la población buscaron interceptar los efectos y desviar las medidas tomadas desde los organismos estatales (El movimiento campesino y estudiantil de los años sesenta es una muestra de esta nueva tendencia).

Fue en el marco de estas condiciones en donde hizo su aparición y se consolidó el Movimiento Pedagógico. Mario Díaz señala un conjunto de acontecimientos correlativos de la configuración del Campo Intelectual de la Educación que igualmente podrían servir para referirse al Movimiento Pedagógico:

---

2. Díaz, Mario, *El campo intelectual...*, op. cit., pp. 85-86.

— Creciente influencia de una estructura multinacional del conocimiento —transnacionalización del saber— expresada en transferencias teórico-metodológicas y tecnológicas.

— Incremento masivo de la educación superior que generó i) una estratificación académica y una relativa movilidad intelectual que a su vez condujo a la producción de nuevos grupos de intelectuales; ii) la aparición de nuevas modalidades de investigación y mayor sensibilidad por los asuntos de la educación; iii) un aumento considerable de los docentes del país.

— Diversificación y segmentación de los saberes en el nivel superior, hecho que condujo a la "ampliación del mercado de profesiones y al rompimiento del privilegio de ciertas disciplinas tradicionales en el mercado de posiciones académicas intelectuales."[3]

— Reconceptualización de los conflictos sociales y descentramiento del nivel económico como eje de la lucha.[4]

— Agotamiento de la posición instrumental y positivista de la educación y gestación de nuevas posturas académicas.

— Incremento de la investigación educativa a partir de las nuevas opciones teóricas y metodológicas, hecho que generó, a su vez, una pluralidad de niveles, objetos y desarrollos.[5]

---

3. Díaz, Mario, *El campo intelectual de la educación en Colombia*, Cali, Universidad del Valle, 1993, p. 55.

4. En este sentido es particularmente significativo el giro de la Federación Colombiana de Educadores —Fecode— en sus luchas contra las políticas estatales: de un proceso de reivindicación de derechos sindicales y laborales, pasó a impulsar un amplio movimiento pedagógico cuyos ejes fueron fundamentalmente académicos y políticos.

5. Ver: Díaz, Mario, *El campo intelectual de la educación...*, *op. cit.*, pp. 55-57.

Pero dentro de este conjunto de variables hubo un acontecimiento singular cuya incidencia en el desarrollo del Movimiento Pedagógico fue definitiva: los intentos estatales de llevar a cabo una gran reforma educativa sobre la base de los presupuestos generales de la tecnología educativa de los años setenta y de los principios centrales de la estrategia desarrollista, según los cuales el problema de la educación nacional era, fundamentalmente, un problema técnico, tecnológico y económico, por tanto, su solución correspondía a ciertas instancias estatales especializadas. Como se ha señalado en el capítulo 3, el Ministerio de Educación puso en marcha —hacia 1975— el Programa de Mejoramiento Cualitativo de la Educación, inició la reestructuración del Ministerio y del sistema educativo nacional (Decreto Ley 088 de 1976), e impulsó el proceso de reforma curricular (Renovación Curricular, Decreto 1419 de 1978).

Este proceso se corresponde con las características que Arturo Escobar señalara para los procesos de profesionalización e institucionalización que requirió la puesta en marcha de la estrategia del desarrollo[6]: un significativo grupo de profesionales colombianos, en el marco del Proyecto Multinacional de Tecnología Educativa de la OEA (1968) realizó estudios en universidades norteamericanas (particularmente la Universidad de Tallahasse de La Florida) mientras que otros se especializaban en los nuevos saberes (por esa misma época se abrieron los primeros estudios de postgrado en educación del país —Universidad de Antioquia, Universidad Pedagógica Nacional—).

6. Ver: ESCOBAR, Arturo, "La invención del desarrollo en Colombia", en *Lecturas de Economía*, No. 20, Medellín, Departamento de Economía, Universidad de Antioquia, mayo-agosto de 1986, pp. 18 y ss.

Como respuesta a los intentos gubernamentales de aplicación de la tecnología educativa y el diseño instruccional, la Federación Colombiana de Educadores, varios maestros de base, investigadores y docentes universitarios interesados en la educación, dieron inicio a un amplio debate nacional dentro del cual se fueron consolidando diversos grupos de investigación, se hicieron visibles experiencias innovativas desarrolladas por maestros de distintas regiones del país y se consolidó toda una infraestructura académica que sustentó la batalla: revistas especializadas (en particular Educación y Cultura de Fecode); centros de estudios e investigaciones que se vincularon a la nueva dinámica (Cepecs, Cinep, Ciup, Foro Nacional por Colombia, entre otros); y un sinnúmero de eventos, conversatorios, foros, seminarios, paneles, congresos y demás tipos de encuentro, difusión y discusión sobre la escuela, el maestro y el saber pedagógico, la educación y la enseñanza.

Fue ésta dinámica la que permitió reorientar la investigación educativa nacional y aportar nuevos elementos para la discusión y el análisis. En particular, es de resaltar la visibilidad que adquiere la discusión sobre el sentido y los alcances de la pedagogía en este proceso. Hasta entonces, el concepto de educación y las llamadas ciencias de la educación habían ocupado el escenario. Con el Movimiento Pedagógico aparece, de manera enfática, la necesidad de establecer las diferencias entre educación y pedagogía. Quizás haya sido éste el principal aporte teórico de este proceso: desde entonces, varios grupos de investigadores han venido aportando a la consolidación de un campo de investigación que Olga Lucía Zuluaga y Alberto Echeverri han denominado campo conceptual de la pedagogía.[7]

Nuevas realidades y nuevos problemas aparecen en esos años: la escuela como un acontecimiento cultural, la educación como un problema público, la enseñanza como un objeto de saber, la pedagogía como un dispositivo de control social, y el maestro como un intelectual, como un trabajador de la cultura e investigador de su propia realidad. La utilización de nuevas metodologías y el aporte de disciplinas distintas a la sociología, en particular la historia y los estudios de corte epistemológico y etnográfico, contribuyeron a crear un paisaje bien distinto al que había dibujado la investigación de las décadas anteriores. Pero como se decía anteriormente, el acontecimiento de ese período fue la aparición y consolidación de trabajos alrededor del carácter de la pedagogía como saber o como disciplina en construcción. La reflexión pedagógica había sido relegada con la consolidación de las Facultades de Educación después de la década de los años treinta del siglo pasado. Como señalan Sáenz y colegas, "el maestro pasó de sujeto de la pedagogía a sujeto de un conjunto de saberes denominado Ciencias de la Educación"[8], entre las que se destacaron la sociología la educación, la etnología, la administración educativa y la filosofía de la educación. La década de los ochenta permitió retomar las reflexiones olvidadas sobre

---

7. ZULUAGA, Olga; ECHEVERRI, Alberto, "Campo Intelectual de la Educación y Campo Pedagógico", en *Educación y Ciudad*, No. 4, Bogotá, IDEP, dic. 1997 -ene. 1998, p. 21.

8. SÁENZ, Javier; SALDARRIAGA, Oscar; OSPINA, Armando, *Mirar la infancia: pedagogía, moral y modernidad en Colombia, 1903-1946*, Vol. 2, Medellín, Universidad de Antioquia, Foro Nal. Por Colombia, Universidad de Los Andes, 1996, p. 136.

la pedagogía, ahora de una manera distinta: en la discusión sobre su estatuto epistemológico y sobre su papel cultural, social y político.

Varias perspectivas entran en escena: Olga Lucía Zuluaga proponía hace algunos años una "clasificación provisional" de estos trabajos: en una primera categoría estarían aquellos que tienen una incidencia en la estructura interna de la pedagogía; en una segunda, aquellos que trabajan sobre sus condiciones de realización en la sociedad. Ambas modalidades son esenciales a la edificación de la pedagogía como ciencia o disciplina.[9] Para Zuluaga, el primer grupo de investigaciones acoge aquellas opciones interesadas en la estructura interna de la pedagogía cuyas hipótesis de trabajo se encaminan a demostrar o invalidar el carácter de cientificidad de la pedagogía y su recorrido epistemológico. En este grupo se encontrarían trabajos como los de los investigadores de la Universidad Nacional encabezados por Antantas Mockus, el grupo del Proyecto de Historia de las Prácticas Pedagógicas, Mario Díaz, Carlos Vasco, José Muñoz, Federico García, Rafael Flórez y José Iván Bedoya.[10] Del segundo grupo formarían parte aquellas investigaciones que se ubican dentro de la sociología de la educación, la etnografía y la Investigación Acción Participativa. Allí se ubicarían los trabajos de Leonor Zubieta, Aracelli De Tezanos, Rodrigo Parra Sandoval, Francisco Parra y César Vera, entre otros.

---

9. Zuluaga, Olga, "El florecimiento de las investigaciones pedagógicas", en *Pedagogía, discurso y poder*, Bogotá, Corprodic, 1990, p. 176.

10. *Ibíd.*, p. 177.

Por fuera de esta clasificación quedan aquellas investigaciones que se han venido realizando dentro de lo que podríamos denominar la perspectiva de la didáctica de las ciencias; los trabajos sobre la enseñanza de saberes específicos también lograron su consolidación durante este periodo, al punto de constituirse hoy en una de las áreas significativas de la investigación educativa. En particular, se destacan las investigaciones en enseñanza de la lengua, educación matemática, enseñanza de las ciencias y enseñanza de la historia.

Siguiendo estos análisis, puede afirmarse que la invención del Movimiento Pedagógico elaboró un nuevo mapa educativo, dibujó unos nuevos problemas y objetos de investigación, contribuyó a crear una nueva realidad educativa alrededor de preguntas por el lugar y las posibilidades de la pedagogía en el terreno epistemológico y cultural, el papel del maestro y de la escuela en las nuevas condiciones; a la vez, generó un conjunto de preocupaciones como las condiciones y características de la enseñanza de los saberes en la escuela.

Pero lo más significativo parece haber sido la manera como la investigación educativa se articuló con un movimiento social amplio y pudo así ofrecerle herramientas para su desarrollo, a la vez que encontró nuevas perspectivas que contribuyeron a enriquecer el trabajo investigativo. Un sector importante de la intelectualidad universitaria volvió su mirada a la situación educativa del país y contribuyó a replantear los problemas hasta entonces visibles.

El Movimiento Pedagógico de los maestros colombianos constituyó, entonces,  uno de los acontecimientos más significativos de la historia educativa contemporánea: después de la marginación que sufrió la pedagogía con la creación y consolidación de las Facultades de Educación entre las décadas de 1930 y 1950, vuelve la pedagogía a estar en el centro de las discusiones y preocupaciones del campo educativo nacional; después de varias décadas de agitación laboral y sindical, el magisterio colombiano inaugura una nueva forma de lucha gremial al generar un amplio movimiento político, social y académico alrededor de la defensa de la educación pública nacional; maestros, padres de familia, investigadores y docentes universitarios coinciden en el propósito de trabajar para evitar que la educación sea considerada como una empresa gobernada por los principios de rentabilidad, eficiencia y eficacia. Por el contrario, se propone pensar la educación pública como un complejo asunto cultural.[11]

Sin embargo, fue un acontecimiento efímero: dos décadas después, la tendencia economicista inaugurada a mediados del siglo XX ha cobrado fuerza y rige hoy los destinos de la educación pública. Como hace 30 años, las investigaciones de corte econométrico y cuantitativo, y las preocupaciones por la eficiencia y la eficacia, orientan las decisiones educativas; economistas y tecnócratas figuran hoy entre las "autoridades" educativas; nuevamente, como en los años 70, instituciones dedicadas a distintos campos de trabajo han sido atraídos hacia la investigación y los estudios educativos apoyados por

---

11. "La educación pública no es, en efecto, un «servicio» más; es un proceso cultural, condicionado social e históricamente, que posee una cierta autonomía con respecto al Estado y los sucesivos gobiernos. Su existencia corresponde al ejercicio, por parte de amplios sectores, del derecho a educarse." Mockus, Antanas. "El Movimiento Pedagógico y la defensa de la educación pública", en, Educación y Cultura, No. 2, Bogotá, Ceid-Fecode, septiembre de 1984, p. 32.

los organismos multilaterales de financiación, quienes a su vez han venido prestando considerables sumas de dinero a entidades territoriales para el desarrollo de tales programas y proyectos, en general relacionados con la nueva onda investigativa: la eficacia escolar.

Visto así el problema, el Movimiento Pedagógico fue una tregua obligada que el magisterio colombiano y grupos de intelectuales (docentes e investigadores universitarios) impusieron en un intento por desviar las políticas multinacionales impulsadas por los organismos de cooperación y financiación internacional. Pero como se vió después, fue una tregua breve; bastó una década para que las políticas economicistas de los organismos multinacionales cobraran fuerza y se impusieran en el panorama educativo nacional.

En términos de Mario Díaz, podría decirse que la década de los noventa significó el fortalecimiento del Campo de Recontextualización Oficial CRO, lo que quiere decir, el fortalecimiento de las políticas estatales —de origen internacional— a partir de la incorporación (desubicación y reubicación) de discursos y agentes propios del Movimiento Pedagógico. Los procesos de concertación política y la participación de diversos intelectuales e impulsores del Movimiento Pedagógico en la definición y puesta en marcha de reformas y políticas como la Ley General de Educación, el Plan Decenal, el Sistema Nacional de Evaluación de la Calidad de la Educación y el Consejo Nacional de Acreditación, parecen así indicarlo.

## 2. De la "década perdida" a la "transformación productiva con equidad"

La década de los años 80, durante la cual el Movimiento Pedagógico emergió en el panorama social y logró sus mayores desarrollos, es conocida en los círculos económicos mundiales como la "década perdida". Según los analistas económicos, ésta década se inició en 1982 (justo el mismo año en que FECODE proclamaba la aparición del Movimiento Pedagógico) cuando el gobierno mexicano anunció la imposibilidad de continuar con el cumplimiento de las obligaciones de la deuda externa con los organismos de crédito internacional, provocando un efecto dominó de cesación de pagos en casi toda América Latina. Este hecho puso en alerta al sistema financiero internacional, iniciándose así un proceso de renegociación de la deuda externa conducido por el FMI y sustentado en la concesión de nuevos prestamos para hacer frente a las obligaciones contraídas, pero a cambio de aceptar fuertes políticas de "ajuste" e importantes reformas económicas. La aplicación de tales imposiciones generaron una gran crisis económica en los países de la región y como señala González Molina,

"Las razones que determinaron en gran medida esta situación son numerosas En primer lugar, porque el producto interno bruto creció menos que la población: En segundo lugar, lo poco que se creció ( y, los países que lo hicieron no pasaron del 3 o 4.5%), sirvió para pagar el servicio de la deuda; es decir que el ahorro interno no financió la inversión y por lo tanto se tuvo que recurrir al constante endeudamiento externo como única alternativa para garantizar los pagos de los intereses de la deuda externa. Además, se tuvo que reducir el consumo interno o la demanda doméstica, con lo que de ser países receptores de capital extranjero, se tornaron en exportadores de capital a los países desarrollados. En tercer lugar, para financiar los déficit públicos y externos se aumentan las cargas tributarias, se reducen las importaciones y se inician las devaluaciones en todos los países Latinoamericanos. Esto derivó en el encarecimiento de las importaciones y en consecuencia de todos los insumos y la tecnología procedente del exterior, mientras que las exportaciones, a pesar de verse favorecidas por el tipo de cambio, no aumentan según lo esperado, dada la baja de la demanda externa, pues la crisis internacional del capitalismo y la revolución agrícola genera tanto, autosuficiencia a los países del norte, como una franca caída de los precios de las materias primas. En cuarto lugar, la inflación acompaña un proceso agudo de desempleo y de surgimiento de la llamada «economía informal». Todas la economías del área implementan políticas económicas de «ajuste», que asumen la pérdida del poder adquisitivo en la pugna precios-salarios, las inversiones productivas se van a las bolsas locales o a engrosar los depósitos bancarios y no precisamente a generar nuevos empleos. En los casos más dramáticos, la «fuga de capitales» acaba con la base del ahorro nacional que en el mejor de los casos se dolariza."[12]

La proclama de *una crisis mundial de la educación* anunciada hacia finales de los años 60 por Ph. Coombs significó el diseño y aplicación de amplias medidas políticas en función de la articulación estrecha entre educación y desarrollo económico. Por su parte, la crisis económica de los años 80 se tradujo, a su vez, en el diseño y aplicación a gran escala de amplias medidas económicas para someter la educación a los requerimientos planteados por el nuevo orden económico mundial. La nueva estrategia para la región fue elaborada por la Cepal y publicada en 1990 bajo el título de Transformación productiva con equidad. La tarea prioritaria del desarrollo de América

---

12. González Molina, Rodolfo, "América Latina: balance económico de dos décadas", en www.redem.buap.mx/semgonzalez.htm.

Latina y el Caribe en los años 90.[13] En la perspectiva de adecuar las acciones de los distintos países a la nueva estrategia económica, la IV Reunión del Comité Regional Intergubernamental del Proyecto Principal de Educación para América Latina y el Caribe de la Unesco, realizada en Quito en 1991, redactó la denominada Declaración de Quito, en la cual se asumen las nuevas perspectivas. La Declaración parte del reconocimiento de que "estamos en un momento de enorme trascendencia histórica, definido por la necesidad de iniciar una nueva etapa de desarrollo educativo, que responda a los desafíos de la transformación productiva, de la equidad social y de la democratización política"[14] y formula, entre otras, las siguientes afirmaciones:

1. Que la educación debe ser objeto de amplios consensos nacionales (entre los diferentes sectores de la administración pública y los organismos no gubernamentales, las empresas privadas, los medios de comunicación, las iglesias, los organismos gremiales y comunitarios y las propias familias) que garanticen el compromiso de toda la sociedad con el impulso y continuidad de la políticas y programas puestas en marcha para el logro de tales objetivos.

2. Que es necesario producir una transformación profunda en la gestión educativa tradicional de tal forma que se garantice la articulación efectiva de la educación con las demandas económicas, sociales, políticas y culturales.

---

13. Cepal, *Transformación productiva con equidad. La tarea prioritaria del desarrollo de América Latina y el Caribe en los años 90*, Santiago de Chile, Naciones Unidas, 1990

14. Cepal-Unesco, *Educación y Conocimiento. Eje de la transformación productiva con equidad*. Santiago de Chile, Cepal-Unesco, 1992, p. 79.

3. Que es necesario impulsar procesos de descentralización, regionalización y desconcentración, diseñar mecanismos de evaluación de resultados, impulsar programas eficaces de compensación educativa y diseñar sistemas de información e investigación para la toma de decisiones como fórmulas destinadas a aumentar la capacidad de gestión.

Como se puede apreciar, estos serán los ejes que posteriormente, a comienzos del nuevo milenio, estarán presentes en las reformas educativas en toda la región. Siguiendo los análisis de Abel Rodríguez[15], esta declaración significó un replanteamiento del Proyecto Principal de Educación de la Unesco, formulado en 1979 en el marco de la Conferencia de Ministros de Educación  y Planeamiento Económico de los Estados miembros de la Unesco, en la perspectiva de adecuarse a los nuevos requerimientos expresados en un conjunto de reuniones, declaraciones y documentos agenciados por organismos de cooperación y financiación internacional desde comienzos de la década de los años 90, entre los que, además del documento Cepal-Unesco referenciado, se destacan la Declaración Mundial sobre Educación para Todos de Jomtien (1990) y el Marco de Acción para la satisfacción de las Necesidades Básicas de Aprendizaje. Sin embargo, es en un documento publicado en 1992 en donde se aclararon las líneas generales, para el campo educativo, de la estrategia diseñada en 1990. Específicamente, vale la pena resaltar dos aspectos relativos a los objetivos, criterios y lineamientos de la estrategia propuesta: la noción de consenso y dos, los

---

15. Rodríguez Céspedes, Abel, La educación después de la Constitución del 91: de la reforma a la contrarreforma, Bogotá, Coop. Edit. Magisterio-Corporación Tercer Milenio, 2002, p. 93.

conceptos de descentralización, equidad y desempeño como lineamientos de política.

## La importancia del consenso

Quizás como un reconocimiento de las resistencias generadas durante la aplicación de la tecnología educativa, los nuevos documentos internacionales de política señalan de manera insistente la necesidad de lograr amplios consensos nacionales alrededor de las nuevas orientaciones y medidas: "Las políticas destinadas a llevar a la práctica la estrategia educativa necesaria para una transformación productiva con equidad deben nacer de un amplio debate y contar con el apoyo activo de los principales actores sociales".[16] Bajo el principio de "responsabilidad compartida", se insiste en que el rumbo de la educación requiere del compromiso y el aporte no sólo de los distintos sectores del gobierno sino de amplios sectores de la sociedad civil. Si bien el discurso reformista señala este hecho como un mecanismo para la participación ciudadana, como un componente de democratización, también queda claro que se trata de una estrategia de legitimación de las transformaciones que se busca implementar. Ya no es el Estado el directo responsable de la educación; se pretende que en adelante esta responsabilidad sea compartida con los distintos "actores sociales" entre los que se destacan las organizaciones no gubernamentales, los empresarios, los partidos políticos, las mismas comunidades beneficiarias del "servicio educativo", e inclusive, los propios docentes a través de sus organizaciones gremiales.

---

16. Cepal-Unesco, op. cit., p. 135.

Para el logro de consenso, algunos analistas afines a las propuestas políticas de los organismos de cooperación señalan el papel central que deben cumplir intelectuales independientes encargados de asesorar a los ministerios de educación, debatir y promover las reformas políticas y supervisar el proceso de implementación en cada país. Se trata de intelectuales reconocidos, nombrados por el Ejecutivo y que tienen como función otorgar legitimidad a las reformas, asegurando su credibilidad, respetabilidad, aceptación y adhesión. Por otra parte, se señala la necesidad de contar con la cooperación de los sindicatos de docentes, pues con su oposición la implementación de las reformas se vería seriamente comprometida:

"Estas agrupaciones a menudo perciben que las reformas orientadas a la calidad implican grandes sacrificios tanto materiales como políticos de su parte. En comparación con otros actores que deben asumir los costos, los gremios docentes gozan de ventajas políticas comparativas en su calidad de grupos de presión: están muy bien organizados, centralizados y politizados y poseen una amplia cobertura del sector laboral que representan. Por lo tanto, si se vuelven contrarios a las reformas, pueden socavar seriamente el proceso. Por estas razones, la aprobación e implementación de la reforma depende de la cooperación de los sindicatos o, al menos, de que se les impida desviar el proceso de reforma."[17]

17. Corrales, Javier, *Aspectos políticos en la implementación de las reformas educativas*, Santiago de Chile, Preal, 1999.

## Equidad y desempeño como lineamientos de política

En relación con el concepto de equidad, el documento de la Cepal-Unesco señala: "La equidad tiene que ver con el acceso a la educación —es decir, con iguales oportunidades de ingreso— y con la distribución de las posibilidades de obtener una educación de calidad." Así mismo, y en la perspectiva de garantizar un desempeño eficaz, "el sistema de formación de recursos humanos" debe estar compuesto por establecimientos que sean efectivamente iguales en sus aspectos básicos de tal forma que sea posible medirlos con el mismo rasero y exigirles que respondan públicamente por los resultados de su acción.[18] La equidad está entonces íntimamente relacionada con el concepto de desempeño, que a su vez se liga estrechamente a las exigencias de eficacia y eficiencia.

Ahora bien,

> "El desempeño tiene que ver, por tanto, con proyectos institucionales y su ejecución; más específicamente, con metas, calidad y rendimiento. En otras palabras, el Estado está llamado a actuar a lo largo del eje 'fijación de metas/evaluación del desempeño/empleo de incentivos' para aumentar la eficacia y equidad del sistema y para reforzar la autonomía e iniciativa de los centros educacionales".[19]

De esta manera se promueve una nueva relación entre sistema educativo, Estado y sociedad que equivale funcionalmente al eje "efectividad / calidad y eficiencia / equidad".

---

18. Cepal-Unesco, *op. cit.*, p. 129.
19. *Ibíd.*, p. 130.

## Descentralización y autonomía: entre la evaluación y la gestión

La nueva estrategia considera de manera especial la reforma de las instituciones educativas como parte central de la reforma del sistema. Se trata de una reorganización de la gestión educativa, orientada, por una parte, a descentralizar y dar mayor autonomía a las escuelas y, por la otra, a integrarlos en un marco común de objetivos.[20] Bajo esta perspectiva, la descentralización y autonomía, banderas planteadas por quienes se opusieron a la implantación autoritaria de la tecnología educativa, se constituyen ahora como exigencias de la nueva reforma;

> "Una verdadera descentralización significa entonces, autonomía, sentido de proyecto, identidad institucional, e iniciativa y capacidad de gestión radicadas dentro de los propios centros educacionales [...] Estas unidades educativas dotadas de iniciativa, sin la agobiante dependencia burocrática de un organismo central, estarán en mejores condiciones de responder a las exigencias del medio y de asumir públicamente, ante la comunidad y el país, la responsabilidad de los resultados de su actividad".[21]

Sobre la base de estos presupuestos, y contrario a las expectativas de los grupos de oposición de la década anterior, la autonomía impulsada por la estrategia cepalina no significaría un acto de democratización en busca de otorgar a las instituciones y sus actores el manejo y orientación de los rumbos de la educación y la enseñanza; ante todo, se trata

---

20. *Idem.*

21. *Idem.*

de una medida de corte económico que pretende trasladar la responsabilidad del manejo administrativo y financiero institucional en los directivos, docentes y comunidad beneficiaria de los establecimientos, en la nueva perspectiva de rendición de cuentas y como mecanismo para mejorar la eficiencia y eficacia.

> "La mayor autonomía de cada establecimiento permite que el equipo docente y su director tengan competencia para definir, dentro del marco de las políticas y prioridades nacionales, el proyecto educativo de su establecimiento y asumir el manejo y la responsabilidad de los aspectos académicos, administrativos y financieros de ese proyecto".[22]

Como contraparte de la autonomía, la estrategia implica, a su vez, un fortalecimiento de la evaluación en tanto mecanismo de control central:

> "Un requisito importante para asegurar el óptimo funcionamiento interno y externo de un sistema educativo descentralizado es la existencia de un eficaz mecanismo de información y evaluación del rendimiento escolar y docente.

> [...] Deben establecerse sistemas para evaluar periódicamente el cumplimiento de las metas curriculares centrales y la eficiencia interna del sistema en los establecimientos de enseñanza básica y media. Tales mediciones harán más factible que los directivos de establecimientos asuman públicamente la responsabilidad por su gestión y permitirán, a la vez, identificar potencialidades, problemas y deficiencias y, eventualmente, buscar soluciones en el marco de las instancias de administración local."[23]

---

22. *Ibíd.*, p. 142.
23. *Ibíd.*, pp. 176-177.

## 3. Evaluación masiva, gestión institucional y estándares curriculares: los nuevos fundamentos del mejoramiento cualitativo de la educación

> "La educación, considerada como un proceso de transformación que involucra cambios entre los factores y los productos, debe contar con un "sistema de control" que permita saber cómo éste está operando, si los productos finales se adecuan a los estándares de calidad preestablecidos, qué tan eficiente es la operación del proceso, etc."[24]

La preocupación por la calidad aparece ligada a la implantación de la tecnología educativa como solución a la crisis mundial de la educación anunciada por Ph. Coombs a finales de los años 60, como se señaló antes. Tal crisis involucraba dos dimensiones de distinto orden: de una parte, se trataba de un problema cuantitativo expresado en cifras de cobertura, acceso al sistema, retención, promoción y repitencia; de otra, el asunto era de orden cualitativo y hacía referencia a las características de la oferta, los procesos y los resultados educativos. La expansión acelerada de los sistemas educativos en toda la región durante la década de los años 70 dejó como saldo el problema de la calidad de la educación y, desde finales de esa década, el denominado mejoramiento cualitativo ha venido constituyendo la prioridad de organismos de cooperación y financiación, de expertos y gobiernos, y aún hasta de las mismas organizaciones docentes y comunidades beneficiarias.

---

24. Arancibia, V. *Los sistemas de medición y evaluación de la calidad de la educación*. Documentos Laboratorio Latinoamericano de Evaluación de la Calidad de la Educación, Unesco/Oreal, 1997, p. 2.

La calidad de la educación ha sido el tema central de conferencias mundiales, reuniones de ministros, proyectos multinacionales, planes sectoriales de gobierno y hasta bandera de organizaciones docentes y movimientos sociales. A pesar de la diferencias de enfoques y concepciones sobre el carácter de las reformas educativas de la última década, el tema de la calidad parece ser el gran acuerdo, el gran consenso de todos los actores del escenario educativo mundial. Y fue justamente bajo la consigna de mejoramiento de la calidad de la educación que la nueva estrategia, diseñada a comienzos de la década de los años 90, se extendió por toda América Latina.

Siguiendo el mecanismo de la cooperación internacional, en una reunión de coordinadores de los sistemas de evaluación de algunos países de la región realizada en México en 1994, se solicitó a la Oficina Regional de la Unesco, —Oreal— colaboración para coordinar el trabajo a realizar en este campo a través de la creación de una red latinoamericana. De ahí surge el Laboratorio Latinoamericano de Evaluación de la Calidad de la Educación —Llece—[25]. Como parte de sus objetivos[26], el Llece realizó en 1997 la primera aplicación masiva de instru-

---

25. Además del apoyo de la Unesco, el Llece cuenta con financiación del Banco Interamericano de Desarrollo y la Fundación Ford, entre otros.

26. "Generar estándares regionales, establecer un sistema de información y de diseminación de los avances en relación con ellos, desarrollar un programa de investigaciones sobre las variables asociadas a la calidad de la educación básica y fortalecer la capacidad técnica de los Ministerios de Educación en el área de la Evaluación de Calidad Educativa. Además, el Laboratorio tiene como objetivo realizar estudios comparativos sobre Calidad de la Educación en Lenguaje y Matemática y promover estudios internacionales sobre temas especiales, tales como la evaluación vinculada a objetivos transversales, multiculturalidad y competencias sociales." Ver: ARANCIBIA, V., *op. cit.*, p. 2.

mentos de evaluación de las áreas de lenguaje y matemáticas y cuestionarios de "factores asociados" a muestras de niños, padres, docentes y directores de 3o. y 4o. grado de educación básica de 13 países de la región (entre los que se encontraba Colombia), estableciendo el mecanismo que servirá de guía para la evaluación de la calidad en los distintos países. Partiendo del reconocimiento de distintas perspectivas de abordar el concepto de calidad de la educación, los expertos y funcionarios internacionales, antes que entrar a discutir y definir el concepto, optaron por su operacionalización en dirección a la determinación del nivel de logros en educación. Así, desde este enfoque "se emplea a menudo el término «calidad» como sinónimo de otros conceptos afines, tales como efectividad y eficiencia. Bajo esta perspectiva se alcanzan opciones para la determinación de la calidad de la Educación y la formulación de políticas para su mejoramiento."[27]

Con base en este primer ejercicio internacional y bajo la concepción de calidad como sinónimo de efectividad y eficiencia, se consolida un modelo que los distintos sistemas de evaluación de la calidad que se crearon y consolidaron en la región a lo largo de la década de los años 90 (ver cuadro 1), aplicaron de manera entusiasta y con algunas variaciones locales. El modelo consiste en tres principios y acciones: i) comparabilidad internacional; ii) aplicación de pruebas estandarizadas en lenguaje y matemáticas y, iii) aplicación de cuestionarios de factores asociados a los resultados.

---

27. Ibid., p. 4.

Mientras los resultados de las pruebas permitirían observar el nivel promedio de logro de los estudiantes de cada país, los cuestionarios de factores asociados arrojarían información sobre las medidas necesarias para la toma de decisiones en función del mejoramiento de la calidad educativa. En términos del estudio elaborado por el Llece sobre las pruebas aplicadas en 1997, la presencia de factores asociados

> "implica que el Estudio está diseñado no sólo para entregar información de variables de producto, correspondientes en este caso a rendimientos en Lenguaje y Matemática, sino que además respecto de variables de insumo y de proceso. Todas ellas se integran en un modelo conceptual en el cual, como ya se señaló, además de los productos mencionados, se incluyen insumos y procesos relacionados con: gestión y política; con el currículo planificado y realizado; con los directivos y su gestión; con el profesor y su desempeño; con la familia y su compromiso educacional; y con los alumnos y sus características."[28]

28. Llece, *Primer Estudio Internacional Comparativo sobre Lenguaje, Matemática y Factores Asociados en Tercero y Cuarto Grado*, Santiago de Chile, Unesco, 1998, p. 8

## Cuadro 1
### AÑO DE IMPLANTACIÓN DE LOS SISTEMAS DE EVALUACIÓN EN AMÉRICA LATINA

| | |
|---|---|
| Argentina SINEC | 1993 |
| Bolivia SIMECAL | 1996 |
| Brasil SAEB | 1993 |
| Chile SIMCE | 1988 |
| Colombia | 1991 |
| Costa Rica | 1995 |
| Cuba | 1975 |
| El Salvador | 1993 |
| Honduras UMCE | 1990 |
| México | 1994 |
| Nicaragua SINED | 1998 |
| Paraguay | 1996 |
| República Dominicana | 1992 |
| Uruguay | 1996 |
| Venezuela | 1995 |

Fuente: Arancibia, V. *Los sistemas de medición y evaluación de la calidad de la educación*. Documentos Laboratorio Latinoamericano de Evaluación de la Calidad de la Educación, Unesco/Oreal, 1997

La publicación de dos informes sobre las pruebas aplicadas en 1997, uno en el año 2000 y otro, conocido como informe técnico de la investigación, difundido en agosto del 2001, ratifican la importancia concedida a la información obtenida en los cuestionarios de factores como base para la determinación de políticas educativas. De esta manera, el Llece buscó construir un "modelo latinoamericano" para la producción de "escuelas eficaces"; en las propias palabras del informe del 2001,

"El examen de los Factores Asociados permite, por su parte, configurar un Modelo Latinoamericano propositivo de escuelas eficaces.

Esto último adquiere gran relevancia porque muestra que hay variables cruciales que compensan el efecto negativo que pueden tener las adversas condiciones socioeconómicas y socioculturales, por lo que a pesar de provenir de contextos desfavorecidos, los alumnos pueden alcanzar buenos resultados. Tales condiciones apuntan a la cultura, las actitudes, las prácticas y las interrelaciones entre profesores, alumnos, directivos y demás actores de la comunidad escolar. Buena parte de la varianza de los resultados —la medida de la variabilidad— se explica por factores vinculados a la escuela, lo que posibilita un importante margen de acción para aplicar políticas educativas que, siendo de bajo costo, están llamadas a modificar la actual situación y mejorar sustancialmente el rendimiento de los alumnos."[29]

La creación del Programa de Promoción de la Reforma Educativa en América Latina y el Caribe —Preal— en 1996, constituye un avance más en la consolidación del "modelo latinoamericano" de calidad de la educación. Con el apoyo de instituciones como el BID, la General Electric Fund, la Agencia Internacional de los Estados Unidos para el Desarrollo —Usaid—, Diálogo Interamericano, y la Corporación de Investigaciones para el Desarrollo (Cinde) de Canadá, el Preal se planteó como objetivos principal contribuir a la mejoría de la calidad y equidad de la educación mediante la creación de espacios para la búsqueda de consensos y el perfeccionamiento de la política educativa.

---

29. Llece, *Primer Estudio Internacional Comparativo sobre Lenguaje, Matemática y Factores Asociados en Tercero y Cuarto Grado*. Segundo Informe, Santiago de Chile, Unesco, 2000, p. 8.

Como parte del apoyo a la investigación para la toma de decisiones, Preal cuenta con un Fondo de Investigaciones Educativas a través del cual ha realizado dos concursos, el primero de ellos en el año 2002 sobre el tema "¿Cómo se usa y qué impacto tiene la información empírica en el mejoramiento de los sistemas educativos en América Latina?" y el segundo, en el 2003 alrededor de la pregunta: "¿Cómo se promueve la equidad en la educación inicial, primaria y secundaria en América Latina?." Además, el Programa ha producido un número significativo de documentos entre los que se destacan los relacionados con la evaluación de los aprendizajes.

En el año 2001, Preal promovió la realización de una Cumbre sobre la Educación Básica en América Latina que se reunió en Miami y a la que asistieron un grupo de 120 líderes de la educación y del mundo empresarial. Allí estuvieron representantes de la AT&T, Citibank, Motorola, Discovery Communications, IBM, Mastercard, entre otros, para ofrecer un decidido respaldo a la política educativa latinoamericana, "sin intereses políticos".[30]  Como resultado de la Cumbre, se redactó y suscribió una Declaración de Acción entre la que vale la pena destacar los siguientes compromisos:

— Establecer estándares educativos que definan claramente lo que los alumnos deben saber y ser capaces de hacer en cada grado o nivel y área de estudio.

— Implementar sistemas de evaluación independientes asociados a dichos estándares y metas.

---

30. Ver Preal, *Resumen Ejecutivo*, No. 9, mayo de 2001.

— Intensificar los esfuerzos para medir el progreso de los estudiantes con el objetivo de que cumplan con los estándares.

— Realizar esfuerzos para dar mayor autoridad y responsabilidad a los directores de escuelas, maestros y comunidades locales en la gestión de los establecimientos.

— Exigir rendición de cuentas respecto del uso óptimo de los recursos y obtención de resultados concretos.

— Convocar a los líderes de otros sectores, incluidos los medios informativos, para promover los objetivos.[31]

La estrecha relación entre estos compromisos y las políticas diseñadas por la Cepal-Unesco en 1992 y aquellas impulsadas por el Llece desde 1994, señalan la hegemonía que ha tenido el modelo de mejoramiento de la calidad de la educación sustentado en la evaluación de los aprendizajes y la determinación de factores asociados a aquellos, entre los que se destaca la gestión institucional.

Con base en los análisis anteriores podría decirse, entonces, que la calidad de la educación es la política y la política es calidad de la educación: por ella los organismos de financiación internacional ofrecen, además de prestamos a los gobiernos, asesoría y apoyo para la investigación; para ella, los gobiernos se endeudan con los organismos financieros mundiales; por ella se han creado redes, fundaciones, programas, proyectos; se han realizado cumbres, reuniones, foros, seminarios internaciones y mundiales; en función de ella, inclusive docentes y movimientos sociales luchan en toda América Latina.

---

31. *Idem.*

## 4. Las nuevas políticas en Colombia

Durante la primera mitad de la década de los años 90 el panorama educativo colombiano cambiará de manera significativa. Las elaboraciones del Movimiento Pedagógico se vieron enfrentadas a las nuevas políticas que, agenciadas desde los organismos de cooperación y financiación internacional y acogidas de manera entusiasta por algunos de los gobiernos de turno, interceptaron, desviaron y resignificaron banderas como la defensa de la educación pública, la autonomía del maestro, las innovaciones pedagógicas, y la preocupación por una educación de calidad para todos, fundamentos construidos a lo largo de una década de movilización, estudio, investigación y debate.

El acontecimiento que inauguró este proceso fue la elaboración y proclamación de la Ley General de Educación, Ley 115 de febrero de 1994, iniciativa de la Federación Colombiana de Educadores —Fecode—[32] auspiciada en la perspectiva de desarrollar las disposiciones educativas consignadas en la nueva Constitución Política de 1991. Quizás siguiendo los nuevos lineamientos de la estrategia política internacional, el gobierno nacional acogió la iniciativa de Fecode y decidió trabajar de manera conjunta en la formulación de la nueva ley que ajustaría la educación a los principios de la reciente Carta Constitucional. Ésta había sido producto de una Asamblea Nacional Constituyente en la que participaron distintos sectores de la sociedad colombiana entre los que se contaron importantes directivos sindicales y miembros de movimientos de

---

32. Rodríguez Céspedes, Albel, *op. cit.*, p. 117.

izquierda proclives a los principios y acciones del Movimiento Pedagógico Nacional. Siguiendo el espíritu de convocatoria amplia, necesario para la generación de consenso, el Ministro de Educación de entonces, Carlos Holmes Trujillo, propuso la realización de una "Constituyente Educativa" como mecanismo para la elaboración del proyecto de ley. Sin embargo, la dirección de Fecode objetó este procedimiento y logró imponer una negociación bilateral con el gobierno como procedimiento para la formulación del proyecto de ley.[33]

La nueva ley, aprobada después de múltiples debates y de algunos cambios al proyecto elaborado conjuntamente por el Ministerio de Educación y Fecode, introdujo un conjunto significativo de nuevos planteamientos a propósito de la concepción, organización y funcionamiento de la educación nacional.[34] En función de la perspectiva que se pretende esbozar en este apartado, se analizarán tan sólo tres de ellos: el concepto de autonomía escolar, el concepto de currículo, y las disposiciones sobre el Sistema Nacional de Evaluación.

Sin lugar a dudas, el concepto de autonomía escolar ha sido el planteamiento más importante de la Ley 115; tanto las recientes reformas como las contra-propuestas a aquellas se han valido de este concepto para argumentar la validez de sus posiciones. De acuerdo con la Ley General, la autonomía escolar significa que, dentro de los límites fijados por la ley y el proyecto educativo institucional, "las instituciones de

---

33. Al respecto ver: Rodríguez Céspedes, Abel, *op. cit.*, pp. 119-123.

34. El libro de Abel Rodríguez C., Incluye un análisis detallado del proceso de elaboración y aprobación de la Ley 115 como de las principales reformas introducidas en la educación nacional.

educación formal gozan de autonomía para organizar las áreas fundamentales de conocimiento definidas para cada nivel, introducir asignaturas optativas dentro de las áreas establecidas en la ley, adaptar algunas áreas a las necesidades y características regionales, adoptar métodos de enseñanza y organizar actividades formativas, culturales y deportivas, dentro de los lineamientos que establezca el Ministerio de Educación Nacional" (artículo 76).

Ligado a este concepto de autonomía, se encuentra el Proyecto Educativo Institucional —PEI—, que según el artículo 73, se trata de un proyecto que cada establecimiento educativo deberá elaborar y poner en práctica y en el que se debe explicitar los principios y fines del establecimiento, los recursos didácticos y docentes disponibles y necesarios, la estrategia pedagógica, el reglamento para docentes y estudiantes y el sistema de gestión. En este marco legal, la ley señala un concepto amplio de currículo (criterios, planes de estudio, programas, metodologías y procesos, ver artículo 76) y establece como mecanismo de regulación, el diseño de lineamientos generales de los procesos curriculares y el establecimiento de indicadores de logro para cada uno de los niveles educativos. Por último, y como complemento de los conceptos anteriores, la Ley señala el establecimiento de un Sistema Nacional de Evaluación de la Educación que opere en coordinación con el Servicio Nacional de Pruebas del Icfes y con las entidades territoriales (artículo 80). En este sentido, dispone que "El sistema diseñará y aplicará criterios y procedimientos para evaluar la calidad de la enseñanza que se imparte, el desempeño profesional del docente y de los docentes directivos, los logros de los alumnos, la eficacia de los métodos pedagógicos, de los textos y materiales empleados, la organización administrativa y física de las instituciones educativas y la eficacia de la prestación del servicio" (artículo 80).

La reglamentación y el énfasis que se le fue dando a la autonomía escolar, el PEI, los lineamientos curriculares, los indicadores de logro y la evaluación, constituyeron los aspectos centrales de la transformación de la educación y la enseñanza durante la década de los años 90 y los inicios del nuevo milenio, transformaciones que hemos calificado como el paso del Modelo Curricular a la evaluación en tanto dispositivo central de control y principio regulador de las medidas educativas y pedagógicas adoptadas por las instancias gubernamentales.

Una mirada a la reglamentación de las disposiciones curriculares contenidas en la Ley General de Educación permite observar esta transformación. Mientras a finales de los años 70 se optó por un diseño detallado de la enseñanza como mecanismo para obtener un "mejoramiento cualitativo de la educación", las nuevas reformas abandonan la obsesión por el currículo y se concentran en el control del proceso a través de la delegación de la responsabilidad de la gestión institucional al equipo docente, y en el diseño y puesta en marcha de mecanismos de evaluación de los resultados educativos.

El énfasis otorgado a la reglamentación de los aspectos organizativos de las instituciones escolares (PEI, gobierno escolar, manual de convivencia —Decreto 1860 de 1994—), la formulación de los "lineamientos de los procesos curriculares" y el establecimiento de los "indicadores de logro" para cada uno de los niveles educativos (Resolución 2343 de 1996), corroboran la anterior afirmación. En relación con el currículo, el Decreto 1860 de 1994 (elaborado en concertación con los gremios docentes de la educación estatal y privada, y sancionado seis meses después de la vigencia de las Ley 115) establece algunas "orientaciones curriculares" que ratifican la autonomía de las instituciones para elaborar el currículo en cuanto contenidos, métodos de enseñanza, organización de actividades formativas, culturales y deportivas, creación de opciones para elección de los alumnos e introducción de adecuaciones según condiciones regionales o locales (artículo 33), hecho que contrasta con el esquema implementado con la Renovación Curricular, en donde se establecían de manera precisa los objetivos, contenidos, sugerencias metodológicas e indicadores de evaluación de cada una de las asignaturas de los distintos grados de la enseñanza primaria.

A su vez, la Resolución 2343 de 1996, expedida por el Ministerio de Educación Nacional y "por la cual se adopta un diseño de lineamientos generales de los procesos curriculares del servicio público educativo y se establecen los indicadores de logros curriculares para la educación formal", antes que una definición precisa de los contenidos curriculares y de los logros esperados para cada nivel, ratifica la autonomía curricular (artículo 4o), señala unos referentes, componentes y estructura general del currículo, y establece orientaciones generales para su elaboración institucional. A diferencia de la reforma de finales de los años 70 el currículo es planteado ahora como una "construcción social", y la responsabilidad de su definición está en manos de las instituciones. Para el caso de los indicadores de logro, la Resolución igualmente señala aspectos generales para su formulación específica por parte de cada establecimiento educativo.

## Hacia la eficiencia: evaluación y gestión escolar

La preocupación manifiesta de los últimos gobiernos alrededor de la educación se fundamenta en el diagnóstico que han venido impulsando, desde hace algo más de una década, los organismos de cooperación y financiación internacional según los cuales la crisis que enfrentan los sistemas educativos latinoamericanos es una crisis de eficiencia, eficacia y productividad. De acuerdo con esta perspectiva, la región conoció un acelerado proceso de expansión de la educación básica durante las décadas de los años 70 y 80, proceso que no estuvo acompañado de una utilización eficiente de los considerables recursos asignados al sector, ni de un eficaz control de la productividad alcanzada por las instituciones escolares[35], de tal suerte que el problema actual es un problema de calidad entendido como una eficiente y eficaz utilización de recursos en la perspectiva de un mejoramiento de la productividad general del sistema.

De esta manera, las políticas neoliberales han pretendido mostrar los resultados de su implantación como efecto de aquello que cuestionan, estrategia que ha servido para presentarse como la alternativa a los males causados en la época del Estado interventor y benefactor. Es el caso de las afirmaciones alrededor de la baja calidad de la educación: ésta no se debe a la reducción de los recursos de inversión ni a la lógica

---

35. Al respecto ver: Gentili, Pablo, "El Consenso de Washington y la crisis de la educación en América Latina", en Archipiélago, Cuadernos de la cultura, No. 29, verano 1997, pp. 56-64

economicista de las medidas "sugeridas" por los organismos de financiación y acogidas juiciosamente por los gobiernos de turno (por ejemplo, que es mejor invertir en capacitación de maestros que en formación inicial, pues es más económico), sino que resultan ser el resultado de una política equivocada sustentada en las prácticas ineficientes promovidas por el anterior modelo estatal, clientelista e ineficiente.

En el caso particular de las políticas de mejoramiento de la calidad de la educación, se puede apreciar cómo la lógica económica se ha vuelto dominante y excluyente, al punto de ignorar estudios y resultados de investigaciones adelantadas en el campo educativo y pedagógico, generando de esta manera una serie de medidas reduccionistas en donde la complejidad de los procesos analizados resulta explicada en función de variables causales que son producto de análisis estadísticos de información obtenida con la aplicación de pruebas masivas estandarizadas, y encuestas de "factores asociados" al desempeño.

De acuerdo con ésta lógica, se trata de identificar aquellas variables que tanto dentro de la escuela como fuera de ella, inciden en el desempeño de los estudiantes, más específicamente, la manera como tales variables o factores inciden en los resultados de la pruebas, pues al tiempo que se aplican las pruebas de logro o las de competencias, se aplican los formularios de factores asociados. La idea, entonces, es establecer, dentro de una lista de variables, previamente definidas según criterios no explícitos y modificables cada vez, cuáles aparecen asociadas con resultados positivos y cuáles con resultados negativos en las pruebas, de tal forma que el grado de asociabilidad (medida estadísticamente) permita establecer posibles incidencias que a la larga resultan siendo consideradas como las variables determinantes de los resultados.

## Cuadro 2
### ESQUEMA DE LA MANERA COMO SE CONCIBEN
### LOS FACTORES ASOCIADOS

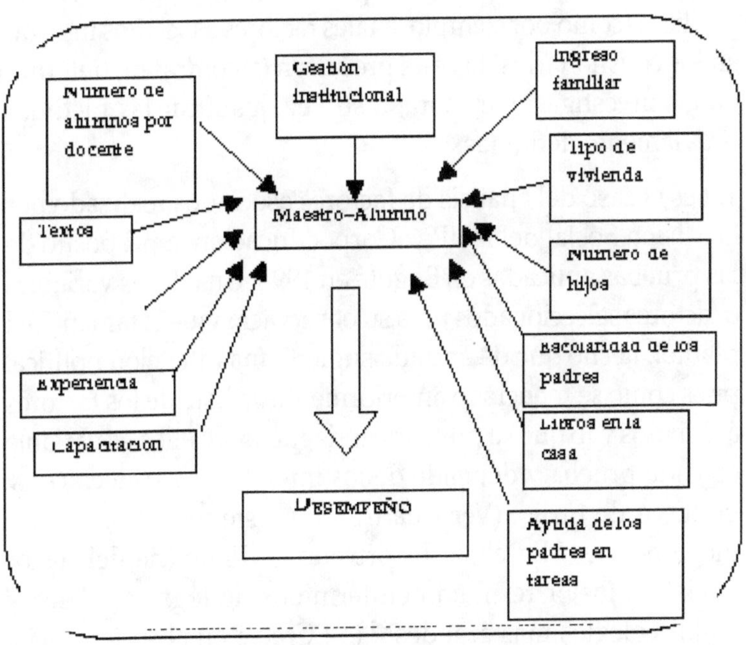


En este modelo juegan un papel central ciertos especialistas o expertos vinculados a centros de investigación y consultoría a quienes se encarga el proceso y análisis de la información recuperada en las pruebas y cuestionarios, de tal manera que las conclusiones de sus estudios resultan legitimados por el supuesto carácter técnico y científico de los procedimientos empleados en el procesamiento de dilatados volúmenes de información. Los informes presentados por estos expertos y consultores, aparecen públicamente como resultados de investigaciones científicas y, por tanto, sus conclusiones se asumen como claras justificaciones para la toma de decisiones, produciendo el efecto social de que las medidas políticas adoptadas obedecen a los resultados de la investigación, cuando lo que en realidad ha acontecido es que son las propias decisiones políticas (como por ejemplo, cuáles factores asociados indagar en los cuestionarios) las que producen (y contratan) determinadas investigaciones para, a su vez, justificar las medidas previamente definidas.

Tal es el caso del análisis de factores asociados realizado por la Misión Social del DNP y Corpoeducación, a propósito de las pruebas aplicadas en Bogotá en 1998. Una de las variables o factores seleccionados para su observación fue el tamaño del plantel, hecho que de entrada sugiere una intención política, pues como se mencionó anteriormente, la lista de los factores asociados y lo que se pretende indagar sobre ellos es variable en cada prueba y depende de los intereses de los técnicos y políticos de turno. (Ver Cuadro 3). A este respecto, el estudio concluye: "En el sector privado, a diferencia del sector oficial, el mejor resultado en términos de logro se observa en los colegios más grandes [36] (...) Crecer en el sector oficial requiere cambios en la forma de gestión. En su forma actual, por encima de 600 alumnos, el logro de calidad es cada vez más costoso y los esfuerzos menos rentables." Resulta evi-

---

36. Caro, Blanca Lilia, "Factores asociados al logro académico de los alumnos de 3o y 5o de primaria en Bogotá", en *Coyuntura Social*, No. 22, Bogotá, Fedesarrollo, mayo de 2000, p. 72.

dente la relación entre las medidas recientes dirigidas hacia la redefinición del tamaño de las instituciones educativas (fusión) y la modificación de los procesos de gestión, con las conclusiones de estudios como éste, elaborados por economistas e interpretados por fuera de los modelos pedagógicos y la teoría educativa. De igual manera, la definición detallada de

Cuadro 3

LOS TEXTOS EN LOS CUESTIONARISO
DE FACTORES ASOCIADOS (grado 3o)

| | |
|---|---|
| SINECE, 1992: | 10. En tu casa leen libros distintos a los textos escolares<br><br>Muchas veces ?<br><br>Rara vez ?<br><br>Nunca ¿ |
| MEN, 1997 | Cuantos libros hay en tu casa?<br><br>(no incluyas las revistas o los periódicos)<br><br>Solamente los textos escolares<br><br>Los textos escolares y menos de 10 libros<br><br>Los textos escolares y más de 10 libros y menos de 50<br><br>Los textos escolares y más de 50 libros |
| Evaluación censal<br>D.C. 1998 | 20. Para ayudarle a hacer las tareas en tu casa tienes<br><br>Enciclopedia (Si-No)<br><br>Libros de literatura o cuentos (Si-No)<br><br>Diccionario (Si-No)<br><br>Otros libros (Si-No) |

Sigue...

| | SALTO EDUCATIVO | PLAN EDUCATIVO PARA LA PAZ | DNP |
|---|---|---|---|
| FACTORES ASOCIADOS | Docentes calificados | | |
| | Dotación de planteles | Medios pedagógicos | |
| | Textos | Textos | |
| | Mayor jornada | Bibliotecas | |
| | | Tiempo de aprendizaje | |
| | | Promoción de la lectura | |
| | | | Practicas pedagógicas |
| | | | Desarrollo institucional |
| | | | Métodos de gestión |
| | | | Información oportuna |
| | | | Recursos asignados con eficiencia |

Tomado de: Bustamante, Guillermo; Díaz, Luis Guillermo. Factores asociables al desempeño de los estudiantes. Ilustrado para la evaluación de impacto del Plan de Universalización en el área de lenguaje, Bogotá, Universidad Nacional de Colombia, 2003, p. 212.

las funciones de los rectores contempladas en el artículo 10º de la Ley 715 de 2001, coinciden con otra de las conclusiones del estudio en mención:

"El reducido número de variables del plantel que explican la variabilidad en el logro en el sector oficial muestra la mayor homogeneidad, en el menor soporte administrativo y la menor autonomía de los rectores de los establecimientos públicos. Lo anterior hace que el logro dependa más directamente de la capacidad de liderazgo del rector, hecho importante, pero que no garantiza resultados sostenibles. Lograr mejores resultados no puede depender de esfuerzos aislados o la mística particular de rectores, docentes y establecimientos. Una mayor capacidad de liderazgo puede incidir en una mejor propuesta y organización pedagógica. Sin embargo, para que ésta produzca resultados sostenibles debe descansar en una organización institucional sólida y eficiente, para lo cual, la autonomía en las decisiones es condición, si no suficiente, sí fundamental.

En el sector privado, las decisiones para combinar diferentes cantidades de cada tipo de recursos dependen de la dirección y administración del colegio (...) La dirección del rector y su juicio para elegir recursos tienen importancia decisiva en la mayor parte de los casos."[37]

Valga señalar que este tema ya había sido definido como prioritario en el documento Cepal-Unesco de 1992; allí, en el capítulo VI de acciones y medidas, se plantea explícitamente la necesidad de transformar la función del director de escuela. En ese entonces se señalaba que "los nuevos esquemas institucionales que contemplan una mayor autonomía de los establecimientos educativos implican un cambio radical en la función de director de escuela, a quien ahora se le pide que asuma su cargo no sólo como un paso dentro de una carrera, sino como una posición moral, intelectual y funcional, desde la cual tiene la posibilidad de conducir un establecimiento y de imprimirle una dirección. Así, más que meros administrativos se requiere de personas capaces de dirigir que sean, a la vez, eficientes organizadores."[38]

---

37. *Ibíd.*, p. 77.

38. Cepal-Unesco, *op. cit.*, pp. 186-187.

En síntesis, se percibe que la inclusión de determinados ítems en las listas de factores asociados, indica que algo se quiere hacer visible y se busca asociar con el logro de los estudiantes. Seguramente si en tales instrumentos se incluyera un ítem relacionado con la satisfacción del docente frente a las condiciones de trabajo en las instituciones educativas, los resultados o asociaciones con los logros permitirían realizar otro tipo de análisis y por tanto, tomar otro tipo de medidas.

En relación con la aplicación masiva de instrumentos estandarizados, es necesario recordar que tanto en el caso de las pruebas Saber como en el de las pruebas de competencias básicas de Bogotá, éstas constituyen el único instrumento y sus resultados la única información disponible a partir de la cual se pretende dar cuenta de la calidad de la educación. Si este hecho constituye una gran limitación, sus pretensiones de evaluar lo que los estudiantes aprenden resulta igualmente problemático, pues recuérdese que tales pruebas buscan dar cuenta de las "competencias básicas" y sólo en tres de las nueve áreas obligatorias establecidas por la Ley General de Educación: Matemáticas, Ciencias Naturales y Lengua Castellana.

La propia noción de competencias básicas resulta problemática tanto por su imprecisión conceptual como por sus implicaciones sociales. Si, por ejemplo, aceptáramos la teoría de las inteligencias múltiples de Gardner[39], la evaluación de competencias constituiría una seria discriminación para quienes desarrollen inteligencias distintas a la logico-matemática y

---

39. Gardner, Howard, *Estructuras de la mente. La teoría de las inteligencias múltiples*, Bogotá, F.C.E., 1997.

lingüística. En este sentido, dar cuenta de lo que un estudiante ha aprendido, de las "competencias" o inteligencias que ha desarrollado y su respectivo nivel de desarrollo, implicaría la realización de diverso tipo de pruebas. En palabras del propio Gardner, "si hemos de abarcar adecuadamente el ámbito de la cognición humana, es menester incluir un repertorio de aptitudes más universal y más amplio del que solemos considerar. A su vez, es necesario permanecer abiertos a la posibilidad de que muchas aptitudes -si no la mayoría- no se prestan a la medición por métodos verbales que dependan en gran medida de una combinación de capacidades lógicas y lingüísticas."[40]

Desde que el concepto de competencia se promovió ligado a las pruebas censales aplicadas en Bogotá desde 1998, ha sido ampliamente debatido y cuestionado. Una de estas críticas apunta al centro mismo de la definición "oficial" según la cual la competencia se entiende como el "saber hacer en contexto"; al respecto, Fernando Marín pregunta ¿de qué contexto se habla?:

> "Así sea que asumamos que la competencia es una capacidad general preconstituida, el contexto al que hace referencia la noción así entendida es al metacontexto o contexto de todos los contextos; desde este punto de vista, no importaría en términos de formación y apropiación de la competencia el contexto particular en que esté inscrito el sujeto. El contexto puede ser la cotidianidad, noción que hace innecesaria la separación entre escuela y vida extraescolar. De igual modo, si la competencia tiene que ver con la capacidad de resolver problemas, el contexto es el de un escenario de simulación de los mismos. Si se trata de apropiación de unos conocimientos desde

---

40. *Ibíd.*, p. 10.

sus reglas, el contexto es la disciplina científica; si la competencia es una interacción entre el sujeto y su entorno cultural, el contexto es la cultura como una determinada forma de vida; pero también se puede dar el hecho de que el contexto no sea el campo cultural con sus normas configuratorias sino un marco de situaciones nuevas y cambiantes (...) Podríamos agregar que si atendemos a la evaluación masiva, el contexto tendría que ser la situación de examen, los instructivos, los formularios, etc."[41]

Por su parte Gómez, retomando los análisis de la Teoría de la Mente, ha señalado cómo la definición de competencia en términos de "capacidad para resolver problemas" deja por fuera aspectos tan importantes en la conformación de las propias competencias como la dimensión afectiva del sujeto, de ahí que:

"...asumir el afecto como componente fundamental de las actitudes, y éstas a su vez como componente nuclear de las competencias, implica que la evaluación no puede limitarse exclusivamente a una «capacidad para resolver problemas» o una virtual correcta aplicación de algoritmos lógicos, o a una compleja disociación de factores involucrados en un problema, sino que ante todo implica tener en cuenta la historia personal de los estudiantes con los diferentes saberes, sus vocaciones, sus intereses, los contextos en los que cotidianamente se desenvuelven, «sus fundamentos semánticos básicos», en fin, la erótica por un saber particular que cada estudiante ha desarrollado."[42]

---

41. Marín A., Luis Fernando, "Competencias: «saber hacer», ¿en cuál contexto?", en Bustamante Z., Guillermo, et. al., *El concepto de competencia II. Una mirada interdisciplinar*, Bogotá, Socolpe, 2002, pp. 105-106.

42. Gómez, Jairo, "Competencias: problemas conceptuales y cognitivos", en *El concepto de competencia. Una mirada interdisciplinar*, Bogotá, Socolpe, 2001, p. 103.

De una u otra forma, y a pesar de aquello que excluye, de los problemas en su delimitación conceptual, de sus desproporcionadas pretensiones, las pruebas estandarizadas y los cuestionarios de factores asociados conforman el modelo vigente a partir del cual se promueve el mejoramiento cualitativo de la educación cuyo resultado más evidente ha sido las discriminación y estigmatización de docentes e instituciones de la educación oficial, pues como resultaría obvio, los resultados han mostrado una y otra vez la diferencia entre los logros de los estudiantes de la clases acomodadas y aquellos —la gran mayoría— de las clases populares.[43]

## Los estándares: hacia la comparación internacional

Desde comienzos de los años 90, los organismos de cooperación internacional plantearon la necesidad de establecer estándares como parte de la estrategia de mejoramiento cual-

---

43. Los conceptos de *habitus y capital simbólico o capital cultural* de Bourdieu señalan el papel estructurante que tiene la condición de clase social en las prácticas y contenidos subjetivos, de tal forma que cuando la escuela parte del supuesto de que a pesar de la diversa procedencia social, los distintos individuos pueden poseer y utilizar los mismos capitales simbólicos, culturales y lingüísticos, ignora las desventajas de los sectores populares y la dificultad que implica para ellos, la trasposición hacia los habitus relacionados con la escuela, más propios de los sectores burgueses. Como señala Cuhna: "La cultura de la clase dominante es aceptada oficialmente por el sistema escolar como natural e indiscutible, y la cultura de la clase trabajadora como indecente, primitiva, grosera. Los mecanismos cotidianos de la práctica escolar (...) concurren objetivamente en la exclusión de los niños de ese origen de clase, fundamentalmente en los primeros grados." Cunha, Luiz Antônio. Educação e Desenvolvimento Social no Brasil. São Paulo: Cortez, 1975. Citado en. Ramal, Andrea Cecília. Linguagem oral: usos e formas —uma abordagem a partir da educação de jovens e adultos. Brasília: Boletim do MEC/TVE-Brasil— Educação de Jovens e Adultos, 1998, pp. 8 a 27.

itativo de la educación. A partir de la realización del Primer Estudio Latinoamericano sobre Lenguaje y Matemáticas, basado en la aplicación de pruebas estandarizadas en estas áreas en trece países de la región durante 1997, se evidenció la necesidad de que los países contaran con estándares nacionales de tal forma que los próximos estudios comparativos pudiesen contar con referentes curriculares más precisos sobre cada país para el diseño de las pruebas internacionales.

En Colombia sólo a partir del año 2001 el Ministerio de Educación Nacional anunció la elaboración de estándares y en el 2002 publicó un "documento de estudio" distribuido a las instituciones educativas en donde se presentan como estándares para la excelencia en la educación y se anuncian como aquello que "concreta los lineamientos" de manera "clara, breve, universal y precisa", como una "información común sujeta a verificación", o mejor como una "meta observable"[44] cuya justificación es la necesidad de proveerse de un "referente para construcción de sistemas y procesos de evaluación interna y externa", pues "en el centro de la discusión sobre cómo mejorar la calidad está la pregunta ¿qué saberes y competencias deben desarrollar los estudiantes como resultado de su paso por los grados y ciclos escolares?".

Ante ésta última pregunta, podría argumentarse que tanto en los lineamientos curriculares como en los logros establecidos para cada una de las áreas están explícitos los saberes y competencias que deben desarrollar los estudiantes; sin embargo,

---

44. Los objetivos de la renovación curricular de 1979 se planteaban en los mismos términos.

ni lineamientos ni logros fueron suficientes: ¿por qué los estándares? En el informe de la Comisión Internacional sobre Educación, Equidad y Competitividad Económica (Preal, 1998) se establecen cuatro recomendaciones fundamentales para el logro de una "transformación real" en la calidad de la educación en América Latina. La primera recomendación hace referencia a la necesidad de "Establecer estándares para el sistema de educación y medir el avance en su cumplimiento." Específicamente, Preal sugiere que: "Los gobiernos deben establecer estándares educacionales claros, introducir pruebas a nivel nacional y utilizar los resultados para corregir los programas y reasignar los recursos. Las naciones de América Latina y el Caribe deben hacer que sus estudiantes participen en pruebas a nivel internacional para poder comparar la calidad de sus escuelas con la de otros países."[45].

---

45. Ferrer, Guillermo. Aspectos del Curriculum Intencional en América Latina: Revisión de tendencias contemporáneas en curriculum, indicadores de logro, estándares y otros instrumentos. Grupo de Trabajo sobre Estándares y Evaluación, Preal, octubre de 1999, p. 3. Más adelante, en el mismo documento se señala: "Cabe agregar a modo de conclusión parcial que, en general, el diseño curricular y la definición de indicadores de logro en América Latina no constituyen instrumentos sólidos sobre los cuales se puedan proyectar sistemas nacionales de evaluación como los que proponen la mayor parte de los países de la región. Si bien esto es natural, ya que los contenidos curriculares en muchos países industrializados se han perfeccionado a partir de la introducción de pruebas estandarizadas, notamos que en América Latina existe cierto desfase entre los objetivos de alcance del currículo y lo que las evaluaciones se proponen medir. Esto puede deberse, según lo expresado por diferentes actores entrevistados, a un quiebre en la comunicación entre los agentes encargados de la evaluación y aquéllos que se ocupan del desarrollo y diseño curricular en cada país", p. 35.

Con los estándares se pretende entonces, hacer ajustes a una lógica de evaluación del sistema educativo desde una perspectiva homogenizante, en función de afinar la comparabilidad "interna y externa". En este sentido, más allá de los estándares e independientemente de por quién hayan sido diseñados o de la manera como se llevó a cabo tal diseño, el asunto de fondo es el modelo de evaluación y de investigación que la sustenta, y la manera como se ha venido implementando por parte del Ministerio de Educación Nacional y de la Secretaría de Educación del Distrito Capital.

**La eficacia escolar: "fórmula mágica" para el mejoramiento de la calidad de la educación**

Durante los días 18 y 19 de julio del 2002, el Ministerio de Educación Nacional realizó el Primer Seminario Internacional Gestión y Eficacia Escolar. A través de videoconferencias, varios expertos internacionales expusieron allí los fundamentos teóricos y los avances investigativos del nuevo paradigma en el cual el Men ha venido sustentando las recientes decisiones políticas y administrativas.[46] Se trata de la teoría de la eficacia escolar, movimiento fundamentado en una corriente de investigación y evaluación internacional denominada School Effectiveness Research Paradigm.[47] Gestado en los países anglosajones, el movimiento de escuelas eficaces se ha

---

46. Jaap Scheerens, experto internacional en el tema, abrió el seminario mencionado con una videoconferencia que tituló "Modelos integrados de eficacia escolar: buscando la fórmula mágica."

47. Pérez Gómez, A. I., *La cultura escolar en la sociedad neoliberal*, Madrid, Editorial Morata, 1998.

venido extendiendo a nivel mundial gracias al apoyo que ha encontrado en las nuevas transnacionales de la educación y la pedagogía: el Banco Mundial, la Unesco, la OCDE (Organización de Cooperación para el Desarrollo Económico), el FMI, la OEI, entre otras.

La legislación educativa y las recientes preocupaciones de autoridades gubernamentales colombianas en torno a la gestión y gerencia escolar son una muestra de la vinculación del país a esta tendencia mundial.[48]

De la misma manera, la promoción de la "excelencia" académica y los estudios alrededor de las instituciones "exitosas", dejan en claro la orientación que está tomando la política educativa tanto a nivel nacional como regional. Recientemente el Ministerio de Educación Nacional, en el marco del proyecto Unesco 00 COL 608, organizó el "Encuentro Nacional de Experiencias Exitosas en Instituciones Educativas con Estudiantes de Alto Logro Cognitivo en el País"; en dicho evento uno de los expositores daba cuenta de los desarrollos de este "paradigma" investigativo y señalaba sus fundamentos de la siguiente manera:

> "... resulta necesario advertir que la eficacia escolar es un concepto causal. Su orientación básica hace referencia a la extensión en que el producto de las escuelas (sic) está influenciado por condiciones que son maleables. Esas condiciones pueden ser 'insumos' financieros

---

48. Liderada por el Ministerio de Educación, Cultura y Deporte de España, se creó la Red Iberoamericana de Investigación sobre Eficacia Escolar y Mejora de la Escuela —Rieme—, que actualmente desarrolla un proyecto de investigación en el que participan 9 países del Convenio Andrés Bello, entre ellos Colombia, la Secab y el Laboratorio Latinoamericano de Evaluación y Calidad de la Educación.

> o materiales, o actividades y procesos más complejos en áreas tales
> como la gestión escolar, el currículo, la enseñanza."[49]

De acuerdo con esta concepción, lo importante de la escuela y las prácticas pedagógicas son los resultados (logros, competencias, desempeños de los estudiantes que deben ser medibles y comparables) y los factores (variables, causas) que determinan aquellos. El mejoramiento de la calidad de la educación consiste, entonces, en la identificación (evaluación) e intervención (focalización, planes de mejoramiento) sobre los factores determinantes de los resultados de los estudiantes.

Desde esta perspectiva, la escuela es concebida como una organización cuyo funcionamiento se reduce al esquema insumos —procesos— productos, y la gestión es entendida como la manipulación de determinadas variables del orden institucional en función de su efecto sobre los productos, es decir, sobre el rendimiento del estudiante, comprendido casi siempre como su nivel de desempeño en pruebas estandarizadas.

Podría decirse que el "paradigma" de la investigación sobre escuelas eficaces pretende producir una nueva realidad educativa en donde el factor esencial, determinante y, por tanto, sobre el que es necesario actuar, es la gestión y la gerencia escolar. En este sentido, la Secretaría de Educación del Distrito Capital introdujo como estrategia de intervención directa en la institución escolar una serie de reformas justificadas técnicamente a partir de la evaluación de competencias y el

---

49. Piñeros Jiménez, Luis Jaime, "La teoría de la eficacia escolar", en, MEN-Unesco, *Experiencias pedagógicas exitosas en instituciones educativas con estudiantes de alto logro cognitivo*, Bogotá, 2002, p. 17.

análisis de factores asociados al desempeño. Los "expertos" contratados para analizar los factores asociados (economistas, estadísticos, matemáticos, ingenieros), argumentan la nueva perspectiva reconociendo sus propias limitaciones en la concepción escolar:

> "El ámbito institucional comprende tanto factores relacionados con la gestión gerencial o administrativa, como con la práctica pedagógica. Estos últimos son más difíciles de captar en una evaluación de esta naturaleza —pues requieren de investigaciones específicas con metodologías apropiadas para tal fin—. Por ello, más por limitación que por desconocimiento de su importancia el presente análisis institucional enfatiza en los factores relacionados con la gerencia escolar."[50]

No es casual que la mirada se coloque sobre la institución y los procesos administrativos. Las investigaciones que se han venido realizando (y lo que el sentido común indica) alrededor de los factores asociados señalan que el nivel socioeconómico es el factor determinante en el desempeño de los estudiantes; como las políticas no pueden actuar sobre estos factores, recientemente se ha venido colocando la mirada sobre el peso que la institución tiene en el desempeño del estudiante. Para determinar este valor, las pruebas de factores asociados han buscado qué es aquello del orden institucional que incide en el desempeño y han encontrado, como era de esperarse, que la gestión, la gerencia escolar es un factor determinante en el

---

50. Caro, Blanca Lilia. "Factores asociados al logro académico de los alumnos de 3° y 5° de primaria de Bogotá", en *Coyuntura Social*, Bogotá, Fedesarrollo, mayo de 2000, p. 66.

logro cognitivo.[51] A nivel internacional se ha acuñado el término efecto colegio para señalar estos factores institucionales o causas del desempeño de los estudiantes; incluso se ha llegado a medir tal incidencia, considerándose cercana al 30%.[52]

### Hacia el mercado educativo: la educación como "servicio público"

Uno de los puntos centrales de debate entre el Movimiento Pedagógico y la tecnología educativa fue alrededor de la concepción de educación. Mientras para ésta última la educación era un factor de desarrollo económico que debía planificarse detalladamente en la perspectiva de obtener la máxima eficacia, eficiencia y rendimiento, eliminando el mayor número de interferencias subjetivas, para el Movimiento Pedagógico la educación era un complejo proceso cultural fundamentado en la interacción subjetiva e imposible de valorarse en términos de eficiencia y eficacia. Al cabo de veinte años de proclamado el Movimiento Pedagógico y de producida la crisis económica que llevó al replanteamiento del modelo

---

51. En el documento de análisis de los factores asociados para el caso de Bogotá, se dice: "Sin duda, en el desempeño académico inciden la habilidad personal y otras variables individuales y de contexto familiar. No obstante, controladas éstas o mantenidas constantes, ¿qué variables del ámbito institucional —de oferta educativa—, inciden en el logro escolar?"; y más adelante afirman: "La producción, o cambios en el logro educativo, se explica a partir de la forma como la administración escolar combina diferentes cantidades de docentes, facilidades físicas y apoyos pedagógicos". Ver: Caro, Blanca Lilia. "Factores asociados al logro académico... *op. cit.*, p. 66

[52] Ver: Sarmiento, Alfredo; Becerra, Lida; González, Jorge Iván. "La incidencia del plantel en el logro educativo del alumno y su relación con el nivel socioeconómico", en *Coyuntura Social*, No, 22, Bogotá, Fedesarrollo, mayo de 2000, pp. 53-63.

económico hegemónico, la tendencia economicista se impone socialmente como la estrategia adecuada y eficaz para resolver los problemas educativos nacionales.

Como se ha señalado en varios lugares de este apartado, el proceso definitivo de conversión de la educación en un asunto meramente económico adquiere nuevo impulso a partir de la década de los años 90. Su primer empuje lo recibió durante el gobierno de César Gaviria Trujillo (1990-1994) en el marco de las políticas de apertura económica. Aunque su plan educativo, denominado Plan de Apertura Educativa —PAE—, contenía ya los lineamientos de la nueva estrategia económica, la discusión y aprobación del proyecto de Ley General de Educación bloquearon su ejecución permitiendo sólo su parcial aplicación. Sin embargo, la concepción de la Ley General de Educación como reglamentaria del "servicio educativo" (por oposición, por ejemplo, a su concepción como ley de carácter estatutario para regular el derecho a la educación )[53], constituye un signo inequívoco de la nueva corriente. Siendo un servicio, su prestación podrá regularse de la misma manera que se regulan los demás servicios públicos; de ahí que la calidad de la prestación del servicio dependa de los criterios de eficacia y eficiencia y, por ello, debe someterse a la reglas del libre mercado. Desde luego, la consolidación de esta concepción de la educación no fue efecto de la proclamación de la Ley 115; a lo largo de la última década, en un proceso no lineal que reconoce saltos (por ejemplo, el Salto Educativo, plan del gobierno de Ernesto Samper Pizano, 1994-1998) se fue consolidando este modelo que como señala José Luis Coraggio, se trata del modelo neoclásico en

---

52. Al respecto ver: Rodríguez Céspedes, Abel, *op. cit.*, p. 121

la educación, impulsado por el Banco Mundial en América Latina y cuya propuesta consiste en "dejar la actividad educativa librada al mercado y a la competencia, a la interacción entre demandantes y oferentes de servicios educativos, como mecanismo para resolver el problema de cuanta educación y en qué niveles y ramas hace falta. Ese es el principio básico, la filosofía subyacente en el modelo neoclásico."[54]

La promulgación de la Ley 715 de 2001, la norma jurídica más importante elaborada después de la Ley General de Educación, avanza en la implantación de este modelo, como se puede apreciar en las principales transformaciones que introduce y que de acuerdo con los análisis de Abel Rodríguez, se pueden resumir así:

— Sustitución de la Ley 60 de 1993, ley orgánica que regulaba los asuntos centrales relativos a la administración y financiamiento de la educación pública oficial. Un punto central de esta ley, modificado por la nueva norma, era el relacionado con el situado fiscal o porcentaje de los ingresos corrientes que la nación debía ceder a los departamentos, al Distrito Capital y a los Distritos Especiales para la atención de los servicios de salud y educación, porcentaje cercano al 24%.

— Fortalecimiento de la capacidad de intervención del gobierno central en la gestión de los servicios educativos a través de la implantación de estándares para la certificación de municipios.

---

54. Coraggio, José Luis, "Educación y modelo de desarrollo", en *Políticas educativas en América Latina*, Lima, Tarea-Ceaal, 1995.

— Reafirmación de la obligación, establecida en la Ley General de Educación, para todas las instituciones educativas de ofrecer como mínimo un grado de preescolar y nueve de básica.

— Establecimiento de las competencias de los rectores para fortalecer su capacidad de gestión de tal forma que los coloca como responsables de la eficiencia y calidad del servicio educativo.

— Implantación de evaluación anual para directores y rectores con efectos disciplinarios.

— Establecimiento de la administración única por establecimiento, así en esta funciones dos o más jornadas (fusión de instituciones).

— Creación del Fondo de Servicios Educativo para cada institución, cuenta en la cual se manejarán los gastos institucionales distintos de los de personal.

— Implantación de la asignación de recursos por población atendida (capitación) y residualmente por población a atender y por equidad.

— Limitación del crecimiento de los costos y establecimiento de restricciones financieras para la contratación y nominación de docentes.

— Modificación del Escalafón Nacional Docente en cuanto al tiempo requerido para ascenso y estímulos.

— Permiso para la contratación de servicios educativos oficiales con entidades privadas con ánimo de lucro, siempre y cuando sean especializadas en educación.[55]

---

55. Ver: Rodríguez Céspedes, Abel, *op. cit.,* pp. 223-224.

Tomando distancia de la manera como se elaboró y reglamentó la Ley General de Educación, esta nueva norma fue diseñada exclusivamente por el gobierno y, a pesar de la oposición del gremio docente y de sectores intelectuales, fue aprobada en el marco de un conjunto de acciones legislativas dirigidas a paliar la crisis presupuestal y como respuesta a las condiciones impuestas por la banca internacional como garantía de los prestamos otorgados. La Ley 715 es entonces, el paso definitivo para poner en sintonía la educación colombiana con los principios del nuevo modelo económico.

Si bien el Modelo Curricular impulsado por la tecnología educativa durante los años 70 perdió su hegemonía en la dirección del campo educativo y, a pesar de los esfuerzos del Movimiento Pedagógico Nacional por desviar la tendencia economicista y eficientista impulsada por la políticas internacionales, finalmente la evaluación y la gestión (algunos funcionarios del gobierno hablan de "la cultura de la evaluación") se han convertido en los nuevos principios hegemónicos que rigen el discurso y las prácticas educativas. Abanderados del mejoramiento de la calidad de la educación pública (que dicho sea de paso ya no es la educación estatal sino la educación que ofrecida por el Estado o por los particulares se dirige al público), y defensores del "exiguo" presupuesto nacional frente al despilfarro de épocas anteriores, los nuevos tecnócratas han logrando imponer (¿consensuar?) su lenguaje y sus acciones en el campo educativo nacional.

A diferencia de lo que aconteció a comienzos de la década de los años 80, la oposición a este conjunto de medidas aparece hoy débil. Ni en el plano de las propuestas políticas y académicas ni en el de la movilización social, el panorama parece favorable a la construcción de alternativas. La década de los años 90 debilitó el Movimiento Pedagógico y dejó el campo intelectual disperso y fragmentado. Parte de la producción intelectual ha sido asimilada, transformada, adecuada, recontextualizada por la legislación oficial; parte de los intelectuales e impulsores han sido coptados por el Estado y sus instituciones; nuevamente la pedagogía se ha silenciado y una renovada tecnología educativa señala los rumbos de la educación nacional.

Pero quizás no todo esté acabado para las fuerzas que resisten aún el embate del neoliberalismo. Mientras se concluye este apartado, se anuncia la realización del II Foro Nacional por la Defensa de la Educación Pública, (el primero se realizó en 1984) convocado por FECODE y varias ONG, universidades oficiales, centrales obreras, cooperativas de maestros, asociaciones de profesores, entre otros. La variedad y número de los convocantes, así como la amplitud de la convocatoria, podrían ser el augurio de nuevas fuerzas e ideas en la lucha contra el modelo hegemónico que han logrado imponer tecnócratas criollos bajo la bandera de la equidad y la eficiencia. Pero sólo los próximos años nos dirán si maestros, intelectuales y comunidades educativas pudimos convertir la nostalgia del Movimiento Pedagógico en la semilla de una nueva fuerza activa contra las pretensiones globalizantes del neoliberalismo.

Bogotá, Julio de 2003

# Bibliografía


Anzola Gómez, Gabriel, "Notas auxiliares para el curso sobre introducción al planeamiento integral de la educación", en *Curso de Inspectores Nacionales de Educación*, Bogotá, Escuela de Administración Pública, 1962.

Apple, Michael W., *Ideología y currículo* (Trad. de Rafael Lassaletta), Madrid, Ed. Akal, 1986. (El texto original en inglés es de 1979).

Bernal Escobar, Alejandro, *et al.*, *La educación en Colombia*, Bogotá, Fores-CIS, 1965.

Betancourt Mejía, Gabriel, *et al.*, *Planeamiento integral de la educación*, Bogotá, Imprenta Nacional, 1959.

Bode, Boyd H., *Teorías educativas modernas* (Trad. de Manuel Gallardo), México, Uteha, 1939.

Castro Villarraga, Jorge Orlando, "Investigación, pedagogía y cultura: un reto para los próximos años", Bogotá, Universidad de La Salle, 1992 (mimeo).

Clayton, John S., "El rol de una organización internacional en la transferencia de tecnología en educación: un estudio de caso", en *Revista de Tecnología Educativa*, Vol. 4, Nº 1, Santiago de Chile, OEA, 1978.

————,"El Proyecto Multinacional de Tecnología Educativa de la OEA", en *Revista de Tecnología Educativa*, Vol. 1, Nº 1, Santiago de Chile, OEA, 1974.

Coombs, Philiph, *La crisis mundial de la educación*, Barcelona, Ed. Península, 1978, 4a. edición.

Culbertson, Jack A., "La administración: instrumento fundamental para la elaboración, realización y evaluación de los planes de desarrollo educativo", en *Simposio Interamericano sobre administración de la educación*, Washington, OEA, 1969.

Chadwick, Clifton, *Tecnología educacional para el docente*, Buenos Aires, Paidós, 1975.

———— "Análisis teórico de la tecnología educativa", en *Revista de Tecnología Educativa*, Vol. 1, Nº 1, Santiago de Chile, OEA, 1973.

De Rosnay, Joel, *El macroscopio: hacia una visión global*, Madrid, AP, 1977.

Dermeval, Saviani, "Las teorías de la educación y el problema de la marginalidad en América Latina", en *Revista Colombiana de Educación*, Nº 13, Bogotá, CIUP, 1984.

Departamento Nacional de Planeación, "La asistencia técnica externa en Colombia", Bogotá, DNP, 1970.

————, *Plan de Apertura Educativa, 1991-1994*, Bogotá, 1991.

————, "Programa CDR", Documento URH-DBOS-027, julio de 1972.

Díaz Hochleitner, Ricardo, "Informe del proyecto para el primer Plan Quinquenal", Bogotá, Oficina de Planeación del MEN, 1957 (mimeo).

Dieuzeide, H., *Tecnología educativa*, Bogotá, MEN, División de Radio y Televisión, 1970.

Escobar, Arturo, "La invención del desarrollo en Colombia", en *Lecturas de Economía*, Nº 20, Medellín, Departamento de Economía y Centro de Investigaciones Económicas, Universidad de Antioquia, mayo-agosto, 1986.

Ferro, María Cristina de, "Análisis de una experiencia: la Misión Pedagógica Alemana", en *Revista Colombiana de Educación*, Nº 10, Bogotá, CIUP, II semestre de 1982.

————, *et. al.*, "Evaluación de materiales educativos elaborados por el MEN y la Misión Pedagógica Alemana" (mimeo), Bogotá, MEN-UPN-GTZ, 1982.

Foucault, Michel, *Vigilar y castigar*, Madrid, Edit. Siglo XXI, 1986.

Fresneda, Óscar; Duarte, Jairo, "Elementos para la historia de la educación en Colombia: alfabetización y educación primaria", Bogotá, Universidad Nacional, Depto. de Sociología, 1984 (*Monografías Sociológicas*, Nº 12).

Galvis, Álvaro, "Planeamiento de la educación y análisis de un sistema escolar", en *Seminario de Tecnología Educativa*, Bogotá, UPN, 1974, p. 34 (mimeo).

Forero, Fanny; Hincapié, Lida Q. de, "Tecnología instruccional: información básica y complementaria, manual de trabajo", T. I, Bogotá, UPN-Departamento de Educación, Dic. de 1975 (mimeo).

Gómez Valderrama, Pedro, "Discurso inaugural Tercera Reunión Interamericana de Ministros de Educación", Bogotá, 1963.

Gómez, Víctor Manuel; Peña, Margarita, *Problemas contemporáneos de desarrollo educativo*, Bogotá, Unesco-PNUD-Icfes, 1986.

González Z., Hipólito, "Tecnología educativa: ¿hacia una 'optimización' del proceso de subdesarrollo?", en *Revista de Tecnología Educativa*, Vol. 2, Nº 4, Santiago de Chile, OEA, 1976.

Grupo de profesores de la Universidad Nacional, *Operación Cacique*, Bogotá, Ediciones Camilo, 1972.

Helg, Aline, "La educación en Colombia: 1946-1957; 1958-1980", en *Nueva Historia de Colombia*, Vol. 4, Bogotá, Planeta, 1989.

————, *La educación en Colombia: 1918-1957*, Bogotá, Edit. Cerec, 1987.

Icfes, *Estadísticas de la educación superior*, listados correspondientes al año de 1991.

————, "Reestructuración del sistema de educación superior: reestructuración de las unidades formadoras de educadores (propuesta para la discusión)", Bogotá, 1991.

Kauffman, Roger, *Planificación de sistemas educativos*, México, Ed. Trillas, 1985, p. 1213 (1a. edición en español, 1973).

Machado, Clara Franco de, *Currículo, ¿factor de cambio?*, Bogotá, DIE-CEP, 1984.

————, Reyes, Pilar Santamaría de, "Fundamentos teóricos de tecnologías educativas en los programas de mejoramiento cualitativo que adelanta el MEN", en *Transferencia de tecnología educativa en Colombia*, Bogotá, MEN-Colciencias-OEA, 1978.

Martínez Boom, Alberto, "Modelo curricular y tecnología educativa en Colombia", en *Primer Encuentro Nacional en Tecnología Educativa*, Neiva, Icfes, 1989.

————, "La escuela, los procesos de enseñanza y la alternativa del Movimiento Pedagógico", en *Educación, Pedagogía y Cultura*, Bogotá, Foro Nacional por Colombia-ENS, 1984.

———— y Álvarez, Alejandro, "La educación en las constituciones colombianas", en *Educación y Cultura*, Nº 22, Bogotá, CEID-Fecode, 1991.

————, Noguera, Carlos y Castro, Jorge O., "Las reformas de la enseñanza en Colombia: 1960-1980", en *Educación y Cultura*, Nº 15, Bogotá, CEID-Fecode, 1988.

Martínez Tono, Rodolfo, *Experiencias nacionales sobre formación profesional*, Bogotá, SENA, 1967.

MEN, *La planeación educativa en Colombia: 1950-1986*, 2 V., Bogotá, MEN, 1986.

Oficina de Planeamiento. "Informe para el Proyecto del I Plan Quinquenal de Educación, Bogotá, 1956", en Betancourt M., Gabriel, *Documentos para la historia del planeamiento integral de la educación*, V. 1, Bogotá, UPN, 1984.

————, "La educación media en Colombia. Primer Plan Quinquenal", Bogotá, spi., (mimeo).

————, MPA, *Guía para el maestro, primer grado de enseñanza primaria, desarrollo*, Bogotá, MEN, 1975, 5a. edición.

————, MPA, *Guía para el maestro, primer grado de enseñanza primaria, anexo*, Bogotá, MEN, 1975, 5a. edición.

————, Oficina de Planeamiento, "Informe para el Proyecto del Primer Plan Quinquenal de Educación" (1956), en Betancourt Mejía, Gabriel, *Documentos para la historia del planeamiento integral de la educación*, Vol. I, Bogotá, UPN, 1984.

Mockus, Antanas, *Tecnología educativa y taylorización de la educación*, Bogotá, Universidad Nacional, 1983.

Muhlmann de Masoner, Liliana; Masoner, Paul H. y Bernal Alarcón, Hernando, "Acción cultural popular: estudio de caso", en *Revista de Tecnología Educativa*, Vol. 3, Nº 4, Santiago de Chile, OEA, 1977.

Naranjo Villegas, Abel, *Memoria del Ministro de Educación al Congreso de 1959*, Bogotá, Imprenta Nacional, 1959.

OEA, *Tercera Reunión Interamericana de Ministros*, Bogotá, OEA, 1963.

Rama, Germán, *Educación, participación y estilos de desarrollo*, Buenos Aires, Kapelusz, 1985.

Ramón M., Miguel A., "Bachillerato por radio - primaria de adultos por televisión - Fondo de Capacitación Popular", en *Transferencia de tecnología educativa en Colombia*, Bogotá, MEN-Colciencias-OEA, 1978.

Rodríguez, Abel, "La educación en Bogotá", en *Vivir en Bogotá*, Bogotá, Ed. Foro Nacional por Colombia, 1990.

————, *et al.*, "Debate y propuestas. La Ley General de Educación", Bogotá, Grupo de Trabajo Educativo, 1992.

Santamaría de Reyes, Pilar y Bonnett Vélez, Fabián, "Proyecto Multinacional de Tecnología Educativa - OEA", en *Transferencia de tecnología educativa en Colombia*, Bogotá, MEN-Colciencias-OEA, 1978.

SENA, *Manual de metodología para la elaboración de programas de formación profesional*, Bogotá, SENA, 1964.

Spain, Peter, "Antecedentes y necesidades futuras de investigación sobre transferencia de tecnología de la comunicación", en *Revista de Tecnología Educativa*, Vol. 3, Nº 2, Santiago de Chile, OEA, 1977.

Szczurek, Mario, "Tecnología educativa y tecnología instruccional", en *Revista de Tecnología Educativa*, Vol. 4, Nº 3, Santiago de Chile, OEA, 1978.

Tarazona de Niño, Lucía, *et al.*, "Metodología de formación profesional del Servicio Nacional de Aprendizaje, SENA", en *Transferencia de tecnología educativa en Colombia*.

Thant, U., "Enseñanza y capacitación", en *La ciencia y la capacitación al servicio del desarrollo. Informe de la Conferencia de las Naciones Unidas sobre la aplicación de la ciencia y de la técnica en las regiones poco desarrolladas*, Buenos Aires, Ed. Suramericana-Unesco, 1964.

Tirado Mejía, Álvaro, "Colombia: siglo y medio de bipartidismo", en *Colombia Hoy*, Bogotá, Siglo XXI, 1980.

Unesco, *Situación demográfica, económica, social y educativa de América Latina*, spi., 1962.

————, *La situación educativa en América Latina*, Washington, Unesco, 1960.

————, *Principios de planeamiento*, 1960.

————, *Las Naciones Unidas: orígenes, organización, actividades*, Nueva York, Unesco, 1968.

Universidad Pedagógica Nacional, "Informe de las comisiones de trabajo del Seminario de Evaluación Institucional (Comisión de Investigación)", Bogotá, UPN, 1972.

————, Departamento de Educación, "Documento de trabajo: Informe de las actividades desarrolladas en el Seminario Permanente de Tecnología Educativa, primer semestre de 1974" (mimeo), Bogotá, UPN, 1974.

Vasco, Carlos Eduardo, "Conversación informal sobre la reforma curricular", en *Educación y Cultura*, Nº 4, Bogotá, CEID-Fecode, junio de 1985.

Velilla Díez, Bernardo, "Tecnología educativa y currículo", Bogotá, Secretaría de Educación de Bogotá-DIE, 1973 (mimeo).

Zúñiga, Myriam; León, Juan y Salazar, Guillermo, "Institutos Nacionales de Educación Media Diversificada-INEM", en *Transferencia de tecnología educativa* en Colombia, Bogotá, MEN-Colciencias-OEA, 1978.